Le foyer d'un homme

Eleanor M.Ingram

Writat

Cette édition parue en 2023

ISBN : 9789359254302

Publié par
Writat
email : info@writat.com

Contenu

CHAPITRE I

Tony Adriance — « Des millions, vous savez ! »

L'homme qui s'était réfugié dans le pavillon de pierre hésita avant de prendre place sur le banc incurvé devant lui. Il avait l'air d'attendre quelque signe de bienvenue ou de renvoi de la part de l'occupant du siège ; n'en recevant aucun, il s'assit et tourna son regard vers la large Drive, où les gens se dispersaient devant la soudaine rafale de pluie. Cela évoquait le printemps plutôt que l'automne, cette averse qui avait balayé un nuage soufflé par le vent et qui passait déjà.

Au bout d'un moment, il sortit un étui à cigares de sa poche, puis s'arrêta. De toute évidence, il ne connaissait pas l'étiquette des parcs publics, leur liberté et leur absence de formalités. Il était à côté d'une femme, d'une fille. Il n'avait pourtant aucune envie d'être inconsidéré, parler – dans un New York suspect et sardonique – qui revenait à inviter à une interprétation erronée ou à un flirt. Toujours--

"Puis-je fumer?" il lança soudain et brusquement sa question.

La jeune fille se tourna vers lui. Ses yeux étaient aussi gris que la pluie ; Fortement ombragé par leurs cils, leur expression avait une distance brumeuse suggérant des pensées rappelées à la hâte de loin. Il se rendit compte qu'il aurait pu venir, fumer et repartir sans attirer son attention, pas plus qu'une feuille qui souffle. Elle n'était pas belle, mais il aimait la franchise claire du regard avec lequel elle le jugeait, et jugeait juste. Il aimait aussi qu'elle ne sourie pas et que son regard inébranlable ne montre ni invitation ni hostilité.

"Merci", répondit-elle. "Je vous en prie."

La forme de sa réponse lui parut particulièrement gracieuse et inattendue, comme si elle donnait à deux mains au lieu de distribuer le juste nécessaire. Il n'avait jamais connu de femme qui donnait ; ils l'ont toujours pris, d'après son expérience. Inconsciemment, il leva son chapeau en reconnaissance du ton plutôt que de la permission. C'était tout, bien sûr. Elle retourna à son étude du fleuve et du ciel, pendant qu'il sortait son cigare. Mais ensuite, il la regarda discrètement.

Elle était entièrement vêtue de noir, mais pas du noir du deuil, jugea-t-il. Le costume, simple mais pas défraîchi, conventionnel sans être actuel, le touchait avec un vague sentiment de familiarité, mais échappait à sa reconnaissance. Cela aurait dû lui dire quelque chose d'elle, mais ce n'était pas le cas, sauf qu'elle n'avait pas beaucoup d'argent pour acheter des robes. Il n'était que légèrement intéressé ; il n'aurait peut-être pas encore regardé dans sa direction s'il n'avait pas été frappé par son absorption ravie par le panorama du coucher de soleil devant eux. Elle était retournée à ce lieu de pensée d'où son discours l'avait appelée ; retiré de tout ce qui l'entoure comme quelqu'un qui entre dans une pièce secrète et ferme une porte au monde. Et elle avait l'air heureuse, ou du moins sereinement en paix avec ses rêves. L'homme soupira d'impatience envieuse, s'efforçant de suivre son regard et de partager l'enchantement.

L'enchantement n'était pas pour lui. La brève tempête avait laissé des masses de nuages violets suspendus dans le ciel teinté de rose foncé, en moquerie aérienne et en imitation du mur violacé des palissades se dressant jusqu'aux genoux dans les eaux roses de l'Hudson. Le long de la crête des grandes parois rocheuses, les lumières s'épanouissaient comme des fleurs à travers la brume violette, et à la base des murs, des bâtiments à peine visibles brillaient de fenêtres éclairées. Il voyait que tout cela était très joli, mais il l'avait vu cent fois sans émotion particulière.

Son cigare était fini, et pourtant la jeune fille n'avait pas bougé une seule fois. Brusquement, comme auparavant, il lui parla, alors qu'il s'apprêtait à partir.

"Qu'est ce que tu regardes?" il a ordonné. "Oh, je n'essaye pas d'être impertinent, j'aimerais savoir ce que tu vois qui vaut la peine ? Tu n'as pas bougé depuis une demi-heure. J'aimerais que tu puisses me montrer quelque chose qui vaut ça."

de nouveau et le considéra avec une attention sérieuse. Son jeune visage fatigué supportait l'examen minutieux ; lui répondit-elle.

"Je vois toutes les choses que je n'ai pas."

"Là-bas?"

Elle a cédé à son manque d'imagination.

"Eh bien, oui ; là-bas. Ne sais-tu pas que c'est toujours Faeryland – l'endroit là-bas ?"

"C'est seulement Jersey...?"

Elle l'a corrigé.

"L'endroit hors de portée. L'endroit entre lequel et nous coule une rivière ou s'élève une falaise. On peut imaginer que n'importe quoi soit là. Voyez ce château sinistre et irréel, là dans l'ombre, ses fenêtres toutes brillantes de lumière de l'intérieur. " Eh bien, c'est une usine où l'on fabrique de la poudre de savon, mais d'ici je peux voir Fair Rosemonde penchée à ses fenêtres cintrées, si je veux, ou des chevaliers en armure et emplumés chevauchant dans ses portes. "

"Oh!" La déception rendit l'exclamation apathique. « Vous étiez en train de créer une histoire ? J'ai bien peur de ne pas voir cela de cette façon, merci ; je n'ai pas la tête pour ça. »

Pour la première fois, elle sourit, avec un éclairage chaleureux de ses yeux gris pluie et une expression protectrice digne d'une Madone. Il éprouva une impression aussi nette que si elle avait posé la main sur son bras avec une véritable touche de sympathie.

"Mais je ne vois pas cela non plus", a-t-elle expliqué. "C'était une illustration. Je veux dire qu'on peut y faire des images de toutes les choses *réelles* qui ne sont pas réelles pour soi-même ; du moins, pas encore réelles. C'est un jeu à jouer, je suppose, en attendant."

"Je ne comprends pas."

Elle fit un geste de résignation et resta muette. Il comprit que la confiance n'irait pas plus loin.

"Merci", a-t-il accepté la réprimande. "C'était gentil de votre part de supporter ma curiosité et de ne pas mal comprendre mon discours."

"Oh, non ! Je déteste toujours mal comprendre ; c'est tellement stupide."

Bien qu'il se soit levé, il ne partit pas immédiatement. Les couleurs du soir disparurent, d'abord du fleuve, puis du ciel. Avec la soudaineté de l'automne, le crépuscule tomba. Des enfants qui jouaient, des groupes de jeunes et des promeneurs passaient devant le petit pavillon dans un courant gai ; les automobiles se sont multipliées avec l'heure de retour de la ville. New York a pensé à dîner, simplement ou superbement, selon les possibilités.

Le tête-à-tête silencieux dans le pavillon fut interrompu par le son le plus doux du monde : le rire somnolent et gargouillant d'un bébé au réveil. Instantanément, la jeune fille en noir sortit de sa rêverie, puis l'homme remarqua pour la première fois qu'une poussette blanche et dorée se tenait à son extrémité du siège incurvé. Étonné, incrédule, il la vit rejeter des couvertures miniatures d'édredon blanc givré et se pencher sur la petite frimousse rose comme une rose trémière qui y était nichée. Pour la première fois de sa vie , il fut témoin du joli jeu secondaire de la crèche : des baisers déposés, des caresses de mains potelées et inutiles en réponse, des mots d'amour et des paroles de bébé en réponse, inarticulées, adorables.

La scène a profondément touché des lieux de pensée qu'il n'avait jamais connus se trouvant au fond de la conscience. Jusqu'à ces dernières semaines, il n'avait jamais réfléchi très profondément. Et pourtant, il se débattait, s'enfonçant dans un cercle mental de doute, plutôt que de réfléchir. La jeune fille et l'enfant ouvrirent brusquement une porte à travers laquelle il aperçut d'étranges perspectives, surprenantes par leurs possibilités interdites. Il resta là à regarder, muet, jusqu'à ce qu'elle se tourne vers lui. Son visage était enflammé et riant ; elle avait l'air infiniment franche et bonne. Mais... elle avait l'air d'une servante, pas d'une mère. D'une manière ou d'une autre , il le ressentait.

"Vous êtes marié?" » demanda-t-il presque brutalement. "Je ne pensais pas... Vous êtes donc marié ?"

Dans son expression se reflétaient le mépris pour sa monotonie , la compassion pour son ignorance, fusionnées par le feu flamboyant d'un sentiment intense bien au-delà de sa portée.

"Marié ? Non. Sinon je ne serais pas là !"

"Pourquoi ? Où serais-tu ?"

Le bébé était debout dans son carrosse. La jeune fille passa un bras autour de la forme chancelante pour soutenir les gros petits pieds et répliqua à son interlocuteur.

"Où ? À la maison, bien sûr, en préparation pour mon homme ! Si j'habitais là-bas," - avec un geste vers les grands et luxueux immeubles d'appartements de Drive, derrière eux, "je choisirais ma plus jolie robe et enroulerais mes cheveux Si j'habitais là, de l'autre côté de la rivière, dans une de ces petites maisons, j'éclairerais la maison avec des lampes, je porterais mon tablier le plus blanc et je ferais en sorte que le souper soit chaud, très chaud, car il y a du gel dans la maison. " Il y avait de l'air et il aurait froid, il serait fatigué et il aurait faim. Et j'aurais sa chaise prête et je tirerais les rideaux parce qu'il était à l'intérieur et que personne d'autre ne comptait. " Elle fit une pause et inspira profondément. "C'est là que je serais", conclut-elle, comme on donne patiemment la leçon à un élève ennuyeux, et elle réinstalla le bébé dans sa voiture en guise de préparation évidente au départ.

L'homme était resté immobile, hébété. Mais quand elle se détourna, avec un signe de sa petite tête brune en guise d'adieu, il se releva et la rattrapa d'un pas.

"Merci," dit-il, "je veux dire de m'avoir fait savoir que n'importe qui pouvait ressentir cela. Je suppose que beaucoup de gens le font, mais je n'ai pas rencontré ce genre de personne ? Non, peu importe de répondre ; comment le sauriez-vous ? Mais, merci. Puis-je... si je vous revois, puis-je vous parler ?

Elle l'examinait gravement, comme si elle avait la capacité clairvoyante de lire une histoire sur son visage, un visage aux sourcils ouverts et conçu pour la force, par ses contours carrés, mais qui, d'une manière ou d'une autre, ne parvenait qu'à être agréable et passivement agréable. C'était le visage d'un homme qui n'avait jamais été confronté à un conflit ni à la nécessité d'une décision sévère, dont le véritable caractère était une épée jamais encore sortie du fourreau. Et maintenant, il avait des ennuis ; tant de choses étaient évidentes à voir. Il était en grande difficulté et, devinait-elle, seul avec ces ennuis.

Il resta debout, acceptant muet son examen minutieux, reconnaissant qu'elle avait raison, puisqu'il avait tant demandé. Avant qu'elle ne parle, il connaissait sa réponse, la voyant préfigurée dans les yeux gris.

"Si vous le souhaitez vraiment. Mais... pas trop tôt encore."

Elle quitta le trottoir, ne permettant aucune réponse, mais sans hâte apparente, poussant la voiture dans laquelle le bébé riait et se tournait pour la regarder . Il la regarda se frayer un chemin à travers les files précipitées du trafic de plaisance ; Je la vis atteindre l'autre côté et disparaître derrière une butte recouverte de gazon et de conifères qui s'élevait entre eux. La femme en présence de laquelle il était venu à cette rencontre fortuite lui avait dit un jour que tout être humain paraissait absurde à propulser un baby-coach. Il se souvient maintenant de cette déclaration et ne la trouve pas vraie. C'était une chose tellement saine à faire, si naturelle et si bonne. Du moins, c'était ce qu'il semblait être lorsque cette fille l'avait fait. Il enviait l'homme, quel qu'il soit, qui l'aimait ou qui l'aimait ; l'enviait la simplicité pure qu'elle ferait de la vie et l'absence de complications détestables.

Les gens regardaient curieusement sa silhouette immobile ; il se réveilla et continua son chemin. Il avait choisi sa propre manière de vivre, se disait-il avec colère ; il n'y avait aucune excuse pour pleurnicher s'il n'aimait pas l'endroit où le libre arbitre l'avait conduit. Et pourtant, n'est-ce pas ? Ou bien, au contraire, avait-il été piégé ? Le doute était laid. Il marcha plus vite pour lui échapper, mais celui-ci courut sur ses talons comme un de ces sinistres animaux-démons des légendes médiévales.

De l'autre côté de la rivière noircissante, des panneaux électriques apparaissaient ; des affaires gigantesques s'imposaient insolemment à l'attention involontaire, comme elles étaient d'ailleurs conçues pour le faire par le désir de Jersey d'obtenir le patronage de la grande ville. Regardant l'un d'eux, l'homme le lut avec un dégoût maussade : « Adriance's Paper ». Cette simple annonce a marqué une industrie, voire un monopole, suffisamment grande pour avoir été soumise plus d'une fois aux vaines enquêtes d'un gouvernement inquiet.

Le nom de famille était suffisamment inhabituel, la fortune familiale suffisamment connue pour avoir été mise entre parenthèses pour lui partout où il allait. À l'école, à l'université et plus tard, il avait toujours trouvé un courrier qui courait officieusement devant lui : « Jeune Adriance – du papier, vous savez. Des millions ! Et cela lui avait toujours causé des ennuis ; à vingt-six ans, il commençait tout juste à s'en rendre compte. Les ennuis n'avaient jamais été très graves jusqu'à présent. Il n'avait jamais commis quoi que ce soit que l'Église de sa mère aurait qualifié de péché mortel. Et pourtant, il n'était qu'au bord de la commission. Mais il ne pouvait pas reculer ; il était comme un homme inexorablement poussé dans un endroit sombre.

La maison vers laquelle il se tournait n'attirait le regard par aucun étalage ostentatoire. En fait, elle n'était remarquable que parce qu'elle était l'une des rares maisons du cours inférieur de Riverside Drive à posséder des pelouses et des vérandas. Située dans une petite ville ou dans une banlieue, la villa en pierre grise aurait été simplement « très belle ». Ici, il a pris une valeur d'exotisme. Pour Anthony Adriance , junior, alors qu'il montait les marches ce soir-là, il semblait regarder avec arrogance, depuis ses dizaines de fenêtres clignotantes, le panneau scintillant sur la rive opposée. Cause et effet, ils se reconnaissent dûment. L'homme s'arrêta pour les regarder tous les deux, puis laissa son regard tomber sur l'avenue en contrebas de la pelouse en terrasse. C'est ainsi que la jeune fille en robe noire était partie. Elle avait probablement traversé la ville ; sa tenue n'était guère celle d'une habitante du quartier.

L'homme qui prit son chapeau et son manteau souffla avec déférence un message. M. Adriance était dans la bibliothèque et voulait savoir si son fils dînait à la maison.

"Oui", fut la réponse rapide, voire enthousiaste. "Certainement, s'il le souhaite. Ou... peu importe, j'entrerai moi-même."

L'enquête était inhabituelle. Ce n'était pas dans les habitudes de M. Adriance de remettre en question les mouvements de son fils. On aurait pu dire qu'ils ne l'intéressaient pas. Lui et "Tony" étaient de très bonnes connaissances et vivaient sans frictions. Il était trop occupé, trop égocentrique et ultra-moderne pour désirer une relation plus chaleureuse. L'affection était une sentimentalité dont on ne parlait jamais dans cette maison ; une maison mutilée, car Mme Adriance était décédée vingt ans avant la majorité de Tony.

Mais ce n'était pas la curiosité, plutôt un étrange espoir, légèrement vacillant, qui illumina les yeux du jeune homme alors qu'il entrait dans la pièce et rendait le salut de son père. Les deux n'étaient pas différents, à première vue ; Des traits définitivement bons : des yeux si sombres qu'on les confondait souvent avec du noir au lieu de bleus, des silhouettes droites qui tiraient le meilleur parti de leur taille modérée, voilà ce qu'ils avaient en commun. La grande différence entre eux résidait dans l'expression ; la différence entre le métal non trempé et le métal trempé. Personne n'aurait jamais surnommé l'aîné Anthony « Tony ».

"Je serai heureux de dîner avec vous", ouvrit aussitôt le jeune Anthony. "Je vais me changer et je reviens. Allais-tu essayer le nouveau Trot ce soir, je pense que tu l'as dit ?"

"Non. J'avais une heure cet après-midi", a déclaré M. Adriance , ramassant un stylo sur la table et le tournant entre ses doigts. Il avait parfois l'habitude de jouer avec de petits articles – pour détourner l'attention de son auditeur plutôt que la sienne, disaient ceux qui le connaissaient bien. Ni à son fils ni à lui-même ne trouvait aussi incongru qu'il discute d'une leçon de danse avec la décision terre-à-terre qui rendait son discours froid et aigu comme le crépitement d'un pas sur une route gelée. " Ce n'est pas aussi difficile que le tango, quoique plus fatigant. Où aviez-vous prévu de dîner ce soir ? Chez les Masterson ? "

Tony Adriance colora lentement et douloureusement un rouge qui brûla le visage et le cou comme une cicatrice de flamme.

"Fred me l'a demandé," il rendit la réponse difficile. "Je n'ai pas pu m'en sortir très bien, mais je suis content d'avoir une excuse pour rester à l'écart. Il est assez tôt pour "téléphoner".

M. Adriance a retourné le stylo.

"Si Masterson avait dû être là, vous auriez pu y aller en toute sécurité", a-t-il déclaré.

"Si--"

" Exactement. Dîner avec Mme Masterson ne fera plus l'affaire. Est-ce que je parle à un homme adulte ou à un garçon ? Si Mme Masterson choisit de divorcer et que vous l'épousez ensuite, très bien. C'est fait ; divorcez est accepté parmi nous. Mais il ne doit y avoir aucun commérage concernant la dame.

"Il n'y a aucune raison pour cela", rétorque l'autre, mais la défense manque de feu. Il parut soudain hagard, et le rouge honteux le brûlait encore plus profondément. "Elle... n'est pas si gentille."

"Non. Elle est très intelligente." Il posa la plume et prit un livre. "Je vous prévenais. Voudriez-vous vous dépêcher un peu pour vous habiller ? J'ai un rendez-vous anticipé en ville ce soir."

La réplique sèche n'a pas suscité de ressentiment. Le jeune homme ne recula pas, bien qu'on lui ait montré le chemin. Puisque le sujet avait été traîné sur le terrain ouvert du discours, il avait encore quelque chose à dire, malgré quelque réticence.

"Tu ne sembles pas considérer Fred," dit-il finalement.

"Pourquoi devrais-je?" M. Adriance leva les yeux pour la forme. "Masterson n'est rien pour moi. Vous n'avez pas pensé à lui."

"Oui ! Au moins, j'ai essayé d'arrêter ça... après avoir compris. Je n'ai jamais voulu dire..."

Il y eut une pause pendant laquelle M. Adriance tourna une page. La phrase n'était pas terminée, mais Tony Adriance s'attarda comme s'il attendait une réponse ; une attente à moitié impatiente, à moitié provocante. Aucune réponse n'a été faite; finalement , il est devenu évident qu'il n'y en aurait pas.

"Je pensais que tu pourrais t'y opposer." Il se força à rire avec cet aveu, mais ses yeux nièrent la légèreté. "Les parents le font dans les livres et les pièces de théâtre, vous savez. J'ai pensé que vous pourriez me dire... Oh, eh bien, me retirer de là et ramener à la maison une femme à moi au lieu de celle d'un autre homme. Ce n'est pas très joli ! "

M. Adriance leva les yeux avec une certaine curiosité.

" Vous avez un côté sentimental, Tony ? Je ne m'en doutais pas. Pourquoi devrais-je m'opposer à une liaison aussi convenable ? Vous suivez Mme Masterson depuis environ un an ; elle est tout à fait charmante et fera une bonne hôtesse ici - une excellente Je l'admire moi-même, plus qu'aucune débutante que j'ai jamais vue. Je suis très satisfait. Supposez que vous ayez ramené à la maison quelque roman de laitière, une femme qui trébuche sur les tapis et s'en remet aux domestiques ? Non, non ; faites-le bien, c'est tout mon conseil. En attendant, savez-vous qu'il est sept heures passées ? A moins que vous ne vous dépêchiez...

"Oh, je vais me dépêcher", fut la promesse sèche. "Et je suis très reconnaissant pour ce conseil. Mais j'imagine que bon nombre d'entre nous pourront s'en remettre aux laitières, après notre mort."

Il a fermé la porte avec une force inutile en sortant. Tandis qu'il montait les larges escaliers sombrement brillants, il avait conscience que son père tournait une autre page du livre ; et en pendant de cette image, j'avais un aperçu mental de Lucille Masterson, charmante, parfaite dans chaque ligne de costume et teinte de couleur, attendant un homme qui n'était pas son mari. Qu'en penserait la fille en noir, se demanda-t-il ? Pourtant Lucille était tout à fait irréprochable. Elle avait parfaitement le droit d'envisager un divorce, compte tenu de l'incontestable folie et de l'extravagance de Fred Masterson. Si seulement elle n'en avait pas discuté avec lui, Tony Adriance , pensa-t-il avec impatience. Si seulement elle avait annoncé son intention à son mari et au monde, au lieu de l'aborder en secret à l'admirateur qu'elle avait choisi pour son second mari ! C'était horrible de rencontrer Masterson avec cette connaissance poussée comme une pierre bloquant la voie des rapports sexuels. Certes, elle manquait de délicatesse.

Bien sûr, il doit continuer avec grâce. C'était un peu comme monter ces escaliers ; un pas franchi impliquait de franchir le suivant. Mais il aurait souhaité ne pas avoir rencontré la jeune fille dans le pavillon.

CHAPITRE II

La femme de son voisin

Au cours des jours suivants, Tony Adriance a vu à plusieurs reprises la jeune fille en noir. Mais il n'osait pas l'approcher ni lui parler. C'était trop tôt ; d'ailleurs, il n'était pas tout à fait sûr de vouloir être avec elle. Elle était trop dérangeante, trop concrète, une preuve d'autres possibilités dans la vie que celles qu'on lui avait enseignées. Il se souvint de l'histoire du lac grec qui n'était boueux que lorsqu'on le remuait. Il est probable que ceux qui vivaient à proximité de ses eaux « dérangaient rarement Comarina ».

Néanmoins, il considérait toujours la jeune fille avec un vif intérêt qu'il n'aurait même pas pu s'expliquer. Il l'apercevait en passant depuis son automobile, ou l'observait depuis le trottoir opposé lorsqu'il entrait ou sortait de la maison de son père. Elle avait toujours l'enfant avec elle et portait toujours la même robe. Habituellement, on la retrouvait dans le pavillon de pierre blanche, installée sur le banc de pierre courbé avec un peu de couture ou un livre. Il n'avait jamais imaginé une vie aussi tranquille et monotone que la sienne semblait l'être.

C'est à la fin de la première semaine après leur rencontre qu'Adriance , chevauchant lentement le long de l'allée cavalière à travers le parc, aperçut un vendeur ambulant de ballons jouets et de moulinets se promener dans le pavillon où étaient installés la fille et le bébé.

La lumière du soleil brillait courageusement sur les couleurs criardes des roues en papier cannelé, sur les côtés ronds et rayés des globes flottants et sur le visage brun et endormi du colporteur syrien qui présentait ses marchandises en silence. La jeune fille leva ses yeux souriants pour rencontrer le regard interrogateur de l'homme et secoua la tête avec un joli geste qui impliquait en quelque sorte l'admiration et une gaie amitié qui rendait son refus plus gracieux que l'achat d'un autre. Le colporteur sourit également et s'attarda pour hisser les sangles soutenant son plateau dans une nouvelle position sur ses épaules courbées et vêtues de velours, avant de poursuivre son chemin.

Le bébé n'avait pas été consulté. Mais son attention n'en était pas moins enchaînée. Ces choses roses et jaunes qui tournoyaient au gré de la brise fraîche du matin, ces ballons rouges tirant sur leurs cordes comme des captifs involontaires avides des espaces supérieurs et clairs de bleu – voir tout cet éclat s'éloigner, c'était trop ! Il écarta largement ses deux bras potelés et se lança à sa poursuite.

"Houx!" s'écria la jeune fille en arrêtant sa fuite du carrosse. "Pourquoi, Holly ?"

Holly se jeta dans une rage magnifique. Arrêté par l'explosion, le Syrien fait demi-tour avec un air de victoire expérimentée.

" *Maintenant* tu achètes ?" il a interrogé.

La jeune fille secoua la tête, luttant pour apaiser le jeune insurgé.

"Non, non. S'il vous plaît, partez, et il oubliera."

L'homme fit un pas. Les cris du bébé redoublèrent ; il frappait du pied avec ses petits et gros pieds et brandissait de petits et gros poings.

"Tu achètes?" » insista doucement le colporteur .

"Non!" haletait la fille. "S'il te plaît, pars. Je ne peux pas ; je n'ai pas d'argent sur moi. Holly, chérie———!"

Adriance avait trouvé un garçon pour tenir son cheval et arriva à temps pour entendre la dernière déclaration. Il arrêta le Syrien d'un geste.

"Oui", a-t-il fait connaître aux combattants. " Ne me laisserez-vous pas satisfaire un prochain ? Tiens, rapprochez ces choses. Laquelle sera-ce, jeune homme, ou les deux ? "

La jeune fille se tourna vers lui avec un soulagement franc, réchauffant sa surprise.

"Oh!" s'exclama-t-elle pour sa reconnaissance. "Tu es très bon. J'ai peur, vraiment peur que ce soit les deux. *Oh* ———!"

Holly s'était délibérément précipitée en avant et avait saisi une double poignée de marchandises séduisantes.

Le temps que le calme soit rétabli et qu'Adriance, amusée, ait payé, il semblait tout à fait naturel qu'il prenne place sur le siège à côté de la jeune fille ; aussi naturel que le départ placide du colporteur . Holly s'allongea sur ses coussins avec un immense contentement, deux ballons flottant de leurs attaches au pied de son carrosse et un moulinet à la main.

"Je voudrais dire qu'il n'est pas souvent comme ça", remarqua la jeune fille en rassemblant ses coutures éparses, "Mais il aime faire ce qu'il veut autant que Maît ' Raoul Galvez ; et tout le monde sait ce *qu'il* a élevé."

"Je ne le fais pas", a avoué Adriance . Il remarqua pour la première fois un adoucissement de ses paroles, pas assez pour être qualifié d'accent, encore moins de zézaiement, mais néanmoins d'une astuce de langage qui ne lui était pas familière. "Qu'a-t-il soulevé?"

"Satan", lui dit-elle gravement. " Maît ' Raoul en savait plus sur le vaudou et la magie noire que n'importe quel homme blanc ne devrait jamais le faire. On dit qu'il a juré qu'il ferait venir le diable en personne pour jouer aux cartes avec lui, ou qu'il ne serait jamais content sur terre ou en dessous. Et il l'a fait, bien qu'il sache assez bien que Satan ne joue jamais que pour les âmes.

"Qui a gagné?"

"Satan l'a fait. Pourtant, il a encore perdu, car Maît ' Raoul l'a trompé si intelligemment dans le contrat qu'il ne l'a pas lié et que l'âme était libre. Il y a un grand rocher fendu près de Galvez Bayou où on dit que le démon a piétiné dans sa rage alors violemment la pierre éclata."

"Alors Maître Raoul a échappé à Hadès, après tout ?"

— Oh non ! Il y est allé, mais seulement par point d'honneur. C'était un joueur, mais il payait toujours ses pertes.

Adriance rit, mais grimaça un peu aussi. Une amertume déconcertée et impuissante s'assombrit sur son expression, comme le soir de leur première rencontre. Il baissa les yeux vers le trottoir comme s'il craignait de croiser par hasard le regard clair de son compagnon.

"Je n'ai jamais lu cette histoire", a-t-il reconnu. "Merci."

"Je crois que cela n'a jamais été écrit", répondit-elle. "Il y a une chanson à ce sujet ; une chanson endormie et effrayante qui ne devrait jamais être chantée entre minuit et l'aube."

Il la regarda tirer le fil vers l'intérieur et l'extérieur pendant un certain temps. Elle brodait un monogramme complexe au centre d'un carré de lin fin, travaillant avec une belle exactitude et délicatesse.

"Qu'est-ce que c'est?" se demanda-t-il, finalement.

Son regard suivit la direction du sien.

"Un filet pour poissons rouges", répondit-elle.

Ce n'est que longtemps après qu'il comprit qu'elle lui avait dit qu'elle vendait son travail.

La rivière brillait, se brisant en sillons d'écume crémeux sous le trafic de labour. Le soleil était chaud et traversait Adriance avec un sentiment apaisant de plaisir physique et de paresse tranquille. Comme il semblait voir un monde lumineux et pur, assis ici ! Il éprouva un pincement de nostalgie, aussi vif que la douleur, lorsqu'il pensa qu'il aurait pu bénéficier d'un tel contenu comme d'un état permanent, au lieu d'un bref répit. Comment en était-il arrivé à s'enfermer loin de la paix, sans que tout le monde le sache ? Comment se fait-il qu'il n'ait jamais apprécié la bénédiction incolore, jusqu'à ce qu'elle soit perdue ?

Au bout d'un moment, il se mit à envier maître Raoul, qui était allé honorablement au diable.

Un long soupir de Holly, endormie au milieu de ses trophées, fit comprendre à Adriance que son compagnon possédait le don de se taire avec grâce. Il ne lui avait pas parlé depuis une bonne demi-heure, et pourtant elle ne paraissait ni ennuyée ni offensée, mais comme si elle s'était engagée à suivre un agréable thème de méditation. Un moineau s'est penché et s'est penché sur la rampe, à moins d'un mètre de sa tête sombre et courbée. Près du trottoir, le garçon qui gardait le cheval d'Adriance avait glissé la bride sur un bras et jouait aux billes avec deux camarades joyeux qui tenaient compte de son handicap, en fonction de la récompense à venir du cavalier.

"J'ai bien peur d'être très ennuyeux", Adriance présenta alors de vagues excuses.

"Es-tu?"

"Je veux dire, je ne divertis pas."

Elle leva les yeux de sa couture pour le regarder avec une délicate raillerie.

"Non. Si tu avais été du genre à divertir, je n'aurais jamais pu te laisser me parler", dit-elle. "Mais je pense que tu ferais mieux de partir, s'il te plaît, maintenant. Deux nourrices importées vêtues de manteaux en ailes de chauve-souris nous regardent depuis un certain temps. Holly et moi vous serons reconnaissants mille ans pour le sauvetage de ce matin."

Il se leva à contrecœur, avec le sentiment d'être éjecté du seul endroit serein sur terre.

"Merci de m'avoir laissé rester", répondit-il. "Vous êtes très gentil. Je———"

Son regard baissé avait rencontré ses petits pieds, modestement croisés sous le bord de sa jupe sobre. C'étaient de très petites chaussures sérieuses en effet ; pas une touche des fantaisies capricieuses de l'époque en matière de décoration ne les soulageait. Mais ce qui frappa le cœur de l'homme, c'était leur noirceur courageuse, la noirceur du vernis qui ne pouvait pas vraiment cacher qu'ils avaient été réparés. Bien sûr, il détourna aussitôt le regard, mais l'impression resta.

"J'espère que Holly n'imitera plus Maît'Raoul ", a-t-il conclu maladroitement
.

La jeune fille se tourna franchement pour le regarder s'éloigner. Son intérêt naturel parut à l'homme plus modeste que n'importe quelle pose d'indifférence.

Mais il semblait qu'elle avait été nommée par Chance pour rendre Tony Adriance insatisfait et rétif. C'était tout à fait absurde, mais la légende fantaisiste qu'elle lui avait contée narguait et traquait ses pensées maussades. Il l'a emporté avec lui chez lui, lorsqu'il a enfilé une tenue appropriée pour célébrer un déjeuner avec Mme Masterson. Il l'accompagnait encore lorsqu'il entra dans le grand immeuble où vivaient les Masterson .

Il n'avait pas voulu servir d'escorte à Lucille Masterson à cette occasion. Sa présence avait été habilement sollicitée. Mais maintenant, il détestait tellement ce devoir qu'il était dangereusement proche de la rébellion. Il hésita sur le seuil de l'immeuble, à moitié enclin à ne pas entrer ; plutôt aller au téléphone et s'excuser de désertion sous un prétexte quelconque.

C'était trop tard. Déjà, la porte lui était tenue ouverte par un valet de pied dont Adriance voyait le sourire discret et familier et lui en voulait. Il grimaça de nouveau lorsque le garçon d'ascenseur s'arrêta à l' étage des Masterson sans qu'on le lui dise, ce qui impliquait l'impossibilité que l'appel de M. Adriance soit destiné à un autre foyer. Il n'avait jamais remarqué ces choses auparavant ; maintenant, il se sentait honteusement exposé devant ces hommes noirs.

Il était tout à fait d'humeur amère lorsqu'il fut introduit dans le petit salon de Mme Masterson. Il reconnut cet état avec un vague sentiment de surprise envers lui-même, sous-jacent à l'émotion dominante. Toute sa vie, il avait été singulièrement d'humeur égale. Il luttait maintenant contre l'envie de dire des choses laides et caustiques à la femme qui l'avait amené ici. Il ne voulait pas la voir.

Elle était pourtant très agréable à voir. En effet, la scène et son hôtesse étaient charmantes, car elles rencontraient son point de vue. Mme Masterson se tenait devant un long miroir, s'observant, de sorte qu'Adriance la vit deux fois ; une fois en fait, et une fois en guise de réflexion. La lumière du soleil remplissait la pièce, qui était meublée et drapée d'une curieuse nuance de bleu profond avec une richesse de couleurs chatoyantes, de sorte que la silhouette vêtue de gris de la dame se détachait avec des détails clairs et précis. Mais Mme Masterson pouvait supporter cette forte lumière et le savait. Sans se retourner, elle sourit dans le miroir à l'homme dont elle y voyait l'image.

"Comment trouves-tu la dernière fantaisie viennoise, Tony ?" elle le salua calmement.

Sa voix n'était pas un de ses points forts. C'était naturellement trop aigu et dur, et même si, grâce à un entraînement minutieux, elle s'était habituée à parler avec une uniformité de ton étouffée qui étouffait le défaut pour la plupart des oreilles, il en résultait un manque d'expression ou de modulation dangereusement proche de la monotonie. Adriance écoutait maintenant, avec un nouveau sentiment d'irritation, la faute qu'il n'avait observée que récemment. Avant de répondre, il examina d'un œil critique les lignes décidées du costume proposé à son approbation ; son audacieux petit gilet de velours à carreaux cerise et noir, le petit chapeau qui semblait s'être posé comme un papillon sur les cheveux jaunes brillants brossés doucement en arrière des oreilles roses de Mme Masterson, et les bottes grises à boutons hauts avec un pompon en soie. pendentif à chaque cheville. Ces bottes exquises et coûteuses le narguaient par leur contraste saisissant avec celles qu'il avait étudiées une heure auparavant ; ils l'incitaient à l'impolitesse comme si de véritables molettes étaient apposées sur leurs petits talons français.

"La jupe est trop extrême", déclara-t-il de manière perverse.

"Ils le seront, c'est un peu en avance", répondit-elle. "Aimez-vous?"

"Pas si bien ! Cela fait ressembler une femme à une enfant, sauf pour son visage."

Le tact de Lucille Masterson était souvent en cause par son manque d'humour. Au lieu de répliquer par le rire ou le silence, elle opposait l'offense à son entêtement .

"Merci," répondit-elle froidement. "Il semble que j'ai vieilli assez soudainement."

"Tu sais bien combien tu es beau", dit-il, un peu honteux. " Bien sûr , je ne pensais pas ce que vous insinuez. Mais après tout, nous ne sommes pas des enfants, Lucille, ni nous non plus. Nous sommes un homme et une femme qui vont... "

"Bien?"

"Pour cueillir une pomme plutôt vilaine !" Il se força à sourire pour tempérer ses propos.

Elle se retourna lentement et le regarda.

"Que veux-tu dire?" » demanda-t-elle en haussant ses sourcils étroits et arqués. « Mon *costume trottoir* et des pommes... ? N'êtes-vous pas considérablement confus, Tony ? »

"Ne pouvons-nous pas au moins faire face à ce que nous faisons ?" il a répliqué. "Si nous sommes capables de faire une chose, nous devrions sûrement être capables de la regarder. Nous pouvons endurer cette chose, et nos amis n'en penseront pas moins à nous ; ils sont de ce genre. Mais ils ne le sont pas tous. les gens sur terre, vous savez. Ce que la femme de chambre qui brosse votre robe ou l'homme qui m'ouvre la porte dit de nous en bas peut se rapprocher davantage de l'opinion générale. Peut-être aurions-nous mieux fait de considérer cela. Car je crains que la majorité des gens le monde de l'homme blanc ne peut pas être complètement faux. »

Il y avait une qualité dans sa voix qui l'alarmait. Il s'était jeté sur une chaise à côté de son bureau et était assis, bougeant nerveusement les bibelots les plus proches de sa main. Elle resta immobile, l'étudiant avant de s'engager par une réponse. C'était un Tony Adriance qui lui était étrange.

"Cela me semble très lâche d'avoir peur de ce que les gens diront", répondit-elle lentement. "Et je ne veux pas que tu me parles comme si j'étais une méchante femme, Tony. Tu sais que je ne le suis pas. Tu sais que j'ai supporté la négligence et l'extravagance de Fred bien plus longtemps que d'autres femmes."

Il rougit d'un rouge foncé face à cette raillerie de lâcheté, mais il parla avec obstination, tenace, de son objectif.

"Tu ne pouvais pas donner une autre chance à Fred ? Tu te souviens, lui et moi étions amis, autrefois. Il a trop joué avec la bourse. Eh bien, je pourrais demander à mon père de l'aider là-bas ; nous pourrions arranger les choses pour qu'il gagne. parfois, au lieu d'être perdu. Vous ne savez pas à quel point il m'est difficile d'entrer ainsi dans la maison de Fred.

Un éclair de colère et de peur mêlées traversa les grands yeux clairs de Mme Masterson.

"Vraiment ?" » douta-t-elle, acerbe. "Tu viens ici depuis un an entier, Tony."

Elle avait trouvé la seule réplique à laquelle il ne pouvait pas répondre. Adriance ouvrit les lèvres, puis les referma avec un sombre aveu de défaite. Qui croirait qu'il était venu ici innocemment ? Comment pouvait-il dire à cette femme belle et sophistiquée qu'il avait été vaguement, romantiquement charmé par elle sans jamais songer à l'issue de cette liaison ni lui laisser soupçonner sa douce sentimentalité ? Comment pouvait-il espérer qu'elle créditerait l'histoire, s'il le lui racontait ?

Elle avait observé son expression changeante ; elle-même pâlit d'une terreur très réelle. Et soudain, elle se retrouva à côté de lui, les mains sur ses épaules.

"Tu ne m'aimes plus , Tony ? Tu viens ici aujourd'hui et tu es en colère contre moi——— ! M'as-tu appris pendant des mois à avoir besoin de toi et à compter sur toi pour tout l'avenir, pour ensuite me quitter, maintenant. " Oh, je croyais que *tu* étais fort et vrai ! "

Une caresse de sa part était un événement si rare, une concession si peu familière, que sa simple proximité enflammait Adriance . Son visage parfumé était proche du sien ; il la regarda dans les yeux, comme des bijoux sous l'eau, imprégné de sa terreur de le perdre.

Son baiser était sa victoire. Instantanément, elle s'éloigna de lui ; traversant la pièce et lançant des regards furtifs vers les portes à rideaux, même vers les fenêtres situées cinq étages au-dessus de la rue. La culpabilité impliquée dans l'action parvint à Adriance comme si une main avait retiré le baiser de ses lèvres.

"Nous devons être prudents", a-t-elle prévenu. « Et si quelqu'un entrait ? Tu ne voulais pas dire tout ça, Tony ? Tu m'aimes toujours autant ?

Adriance se dirigea vers elle.

"Je ne répondrai pas à ça dans la maison de Masterson", dit-il, la voix secouée. "Lucille, tu dois faire maintenant ce que je t'ai demandé de faire il y a des semaines : tu dois partir d'ici tout de suite et m'épouser le plus tôt possible. Puisque nous avons commencé cette affaire, nous devons la mener à bien aussi décemment que possible. " C'est possible. Et il n'est pas décent que tu restes ici, ni que je vienne ici. Si tu viens avec moi maintenant, aujourd'hui, je te mettrai avec quelqu'un qui pourra te servir de chaperon jusqu'à ce que le divorce soit obtenu ; un de mes tantes, peut-être. Si vous faites cela et m'aidez à garder honnêtement ce qui me reste, je vous donne ma parole que je ne vous décevrai jamais aussi longtemps que je vivrai, quoi qu'il arrive.

Elle recula devant sa véhémence. Sûre d'elle et de lui, maintenant, elle laissa un froncement de sourcils embrouiller son front blond en une réprimande à moitié amusée.

" Mon cher garçon, quelle tirade dramatique ! Bien sûr , je viendrai vers vous le plus tôt possible — mais, aujourd'hui ? Et tout à l'heure vous dévalorisiez les ragots ! Il faut me laisser arranger cette affaire. Je ne suis pas prêt à partir. Fred, encore. Tu ne comprends pas ? Je dois attendre qu'il fasse une autre de ses scènes ; je dois avoir une nouvelle raison pour y aller, pas une raison passée déjà tacitement négligée.

"Tu ne viendras pas?"

Elle se tourna de son visage sombre vers le miroir.

"Tu es vraiment très égoïste, Tony. Je t'en prie, pense un peu à moi plutôt qu'à toi. Mais j'essaierai de faire ce que tu veux ; le mois prochain, peut-être. Je pourrais aller en Floride pour l'hiver."

Adriance se rassit à côté du bureau et prit une cigarette sur un petit plateau laqué qui se trouvait là. Il a été battu, mais il n'a pas été soumis. Il pencha la tête sous le joug avec une réticence amère et maladive. Pourtant, il comprit qu'il était trop tard pour se retirer. Lucille l'aimait ; que ce soit intentionnellement ou non, il l'avait gagnée. Non, il doit terminer ce qu'il a commencé.

La cigarette était parfumée et lui donnait la nausée. Il le laissa tomber dans un cendrier, mais cela lui avait donné un moment pour se ressaisir. Après tout, Masterson a négligé sa femme. S'il ne pouvait pas garder le sien, pourquoi Tony Adriance devrait-il devenir altruiste et essayer de le faire à sa place ? Au moins, Lucille pourrait être heureuse.

Mme Masterson avait remis son chapeau en place, observant son reflet vif. Elle a été assez sage pour prendre son triomphe avec désinvolture.

"On y va?" elle a interrogé. "Nan Madison déteste les arrivées tardives, tu sais. Fais en sorte que ton homme jette la cravate que tu portes, Tony. Le gris n'est pas ta couleur. Cela te fait paraître trop pâle; trop——"

"Comme Maître Raoul Galvez ?" » répondit-il sèchement en se levant.

"Qui était-il?"

"Un homme qui a élevé le Diable. Je suis tout à fait prêt si vous souhaitez y aller."

CHAPITRE III

LA FILLE DEHORS

Tony Adriance a pris l'habitude de s'arrêter pour quelques mots avec la jeune fille en noir chaque fois que les circonstances les opposaient. Et cela arrivait souvent, puisque sa demeure était si proche du pavillon qu'elle avait adopté comme lieu de repos. Il évitait plutôt ses amis, pendant les jours qui suivirent sa vaine rébellion contre la volonté de Lucille Masterson, mais il était seul et désireux d'échapper à la pensée. Il pouvait parler à la jeune fille, se dit-il, car elle ne le connaissait pas.

Ils se sont rencontrés avec une franchise désinvolte, la jeune fille et lui, comme deux hommes qui se trouvent sympathiques mais dont les vies sont pourtant très éloignées. Leurs brèves conversations étaient intimes sans être curieusement personnelles. Elle avait le don de dire des choses qui restaient gravées dans sa mémoire ; du moins, en sa mémoire. Non qu'elle soit particulièrement brillante ; son charme était son sérieux, à la fois vif et tranquille, et l'étrange mirage d'enchantement qu'elle jetait sur le bon sens, le rendant non plus simple, mais aussi séduisant que la folie.

Mais elle continuait à porter de vieilles petites bottes, avec leur courage optimiste de noircissement. C'étaient vraiment des bottes respectables, vieillissantes, pas vieillies. La faute en incombait à Adriance , pas à eux ; il était trop habitué aux femmes « dont les sandales ravissaient ses yeux ». Si ses pieds avaient été moins enfantins, ils l'auraient peut-être moins préoccupé. En fait, ils le préoccupaient de plus en plus.

Il n'existe aucune manière acceptée d'offrir une paire de chaussures à une connaissance féminine. Néanmoins, au cours de la troisième semaine de son amitié avec la jeune fille, Adriance lui a acheté une paire d'escarpins. Il les avait vus dans une vitrine disposée devant un magasin et s'était arrêté pour les regarder, étonné. Ils étaient si incontestablement les siens ; la taille, les lignes arrondies, la voûte et l'inclinaison étaient correctes ! Elles étaient d'un noir brillant, avec des talons espagnols et des boucles scintillantes.

Il les emporta chez lui, mais bien sûr il n'osa pas les lui donner. Il eut l'idée de tenter l'aventure lors de la dernière occasion de leur rencontre ; si elle le punissait par le bannissement, cela n'aurait pas d'importance. Car il avait l'intention de quitter New York lorsque Lucille se rendrait en Floride. Il passerait seul, au Canada, l'intervalle nécessaire entre le divorce et son mariage.

Pendant ce temps, il y avait la fille.

C'est le dernier jour d'octobre qu'il la trouva en train de tricoter au lieu de broder ; une toile d'écarlate gay sur ses genoux.

ours en peluche de Holly ", expliqua-t-elle alors qu'il s'asseyait en face d'elle. "Noël approche, tu sais. J'aime que tout soit prêt à l'avance. Tu ne penses pas que la couleur devrait devenir un ours en peluche marron ?"

"Ce n'est pas déprimant."

"C'est la couleur du houx. Et la dépression n'est pas une sensation à cultiver, n'est-ce pas ?" Elle s'arrêta pour regarder de l'autre côté de la rivière, déjà assombri par l'approche du soir. "Je crois qu'il faut le combattre à deux mains ; enfoncer une lance à travers cette chose laide et la tenir debout comme Sir Sintram avec ce monstre frétillant sur la vieille photo."

"Vous seriez une bonne personne avec qui avoir des ennuis," dit-il brusquement.

Elle démêla sa signification du discours extrêmement vague et acquiesça sérieusement.

"Oui, peut-être. J'ai l'habitude de tirer le meilleur parti des choses."

"Le meilleur d'entre eux", corrigea-t-il.

"Bien sûr ! Le meilleur - pourquoi quelqu'un devrait-il faire du pire ?"

Ils ont ri ensemble. Mais aussitôt le malheur agité reflua dans ses yeux.

"Mais c'est le cas !" il s'est excalmé.

"Alors ils ont tort, tout à fait faux", dit-elle décidément. "Ils devraient se redresser dès qu'ils le découvrent."

"Mais s'ils ne le peuvent pas ?" » a-t-il insisté avec une chaleur personnelle et une protestation. "Les choses ne sont pas si simples que ça. Et s'ils ne peuvent pas remettre une chose au clair sans en renverser beaucoup d'autres ? On *ne peut pas* couper et trancher comme ça !"

"Oh, oui, tu peux", contredit-elle, assise très droite, ses yeux gris allumés. "Vous devez le faire, tout le monde le doit. Il est lâche de laisser les choses, les choses tordues, grandir et grandir. Et on ne peut pas faire tomber quelque chose qui en vaut la peine aussi facilement. Les bonnes choses sont fortes."

Il secoua la tête. Mais elle l'avait remué de telle sorte qu'il restait silencieux pendant un moment, puis se levait tout à coup pour prendre congé.

"Tu ne m'as jamais dit ton nom", remarqua-t-il en la regardant. Il remarqua à nouveau combien ses doigts étaient souples et adroits, et leur rapidité dans le travail.

"Non pourquoi?" répondit-elle simplement.

"Je ne sais pas", a-t-il accepté la réprimande. "Je vous demande pardon."

"Oh, certainement. Holly essaie de vous serrer la main avant de partir."

Bien sûr, lui et le bébé étaient devenus amis. Il abandonna soigneusement son index aux mains serrées, mais il ne sourit pas comme d'habitude.

"Regardez ici," dit-il brusquement. "Juste pour illustrer que les choses ne sont pas aussi faciles à maintenir en ordre que vous semblez le penser, je connais un homme qui, d'une manière ou d'une autre, a réussi à suivre une femme. Je ne pense pas qu'il sache vraiment comment. Bien sûr, il l'admirait énormément, et l'aimait bien. Eh bien, je suppose qu'il ressentait plus que ça! Mais il n'avait même jamais imaginé lui faire l'amour, parce qu'elle était mariée. Vous voyez, c'était un imbécile. Un jour, quand il l'a appelé, elle lui a dit qu'elle allait " Elle a le droit de divorcer d'avec son mari. Et l'homme a découvert qu'elle espérait l'épouser, par la suite ; elle pensait qu'il avait toujours pensé cela. Que pouvait-il faire ? Que peut-il faire ?"

Le bébé gargouillait joyeusement, laissant tomber l'index et bâillant. La jeune fille abandonna son travail pour border une couverture autour de sa charge.

"Je ne sais pas", a-t-elle admis à voix basse.

Adriance inspira rapidement.

"Ce n'est pas tout. Le mari est l'ami de l'homme. Eh bien, ils dormaient ensemble, mangeaient ensemble——! Et il ne sait pas. Ne voyez-vous pas, l'homme doit échouer ou le mari ou ma femme ? Comment pouvez-vous arranger cela ?

Elle leva les yeux, pour rencontrer la trahison inconsciente de ses yeux provocants et malheureux.

"Je suis vraiment désolée pour lui", répondit-elle gravement. Et, au bout d'un moment. "Elle doit être très intelligente."

Il s'éloigna de cette suggestion avec un vif ressentiment. Intelligent – c'était le terme utilisé par son père pour désigner Lucille Masterson ; et c'était odieux pour lui. Il ne voulait pas analyser pourquoi il éprouvait cette répugnance à entendre Lucille qualifiée d'intelligente. Il refusait de considérer ce que cela impliquait, quels horribles doutes s'éveillaient en lui pour le faire grimacer de colère et d'humiliation. Soudain, il regretta amèrement d'avoir raconté cette histoire à cette jeune fille, même sous son identité cachée.

"Sans aucun doute", répondit-il froidement et vaguement. "J'ose dire que l'affaire s'arrangera assez bien. Il se fait tard ; je pense que je dois y aller."

C'était vraiment trop brusque, et il le savait. Mais il ne pouvait pas faire mieux. Il savait que les yeux de la jeune fille le suivaient, et il marchait avec une aisance et une nonchalance prudentes.

Hors de sa vue, il marchait plus lentement. Déjà le crépuscule d'automne s'installait comme un délicat voile gris. Au pied des Palissades, en face, un point lumineux familier surgissait parmi les myriades de lumières ; un point qui courait comme un feu à travers l'étoupe, vers le haut, à travers, autour jusqu'à ce que les mots scintillants brillent complètement : « Adriance's Paper ».

Le nom se reflétait dans l'eau sombre. Là-bas, il oscillait faiblement et sa légende était brisée par les ondulations du fleuve. "Vous brillez là-haut, mais je gouverne ici", l'Hudson renvoya son mépris à l'arrogance artificielle. Il était comme ce reflet, pensa Tony Adriance , avec une fantaisie tirée du tour d'imagerie de la jeune fille ; il était le simple reflet des succès de son père, changeant, sans valeur, inséparable de la réalité dorée d'en haut, dansant et brisé par le courant de la volonté d'une femme. Lui-même n'était rien. Il grimaça sous le cil qu'il s'appliquait lui-même. C'était lié à la vérité ; lui, personnellement, n'avait jamais compté. Même Lucille n'avait jamais dit qu'elle l'aimait ; elle avait simplement pris son dévouement pour acquis et l'avait utilisé. Lui aurait-elle promis s'il avait été un homme pauvre ? Aurait-elle un jour envisagé de divorcer d'avec Masterson, avec tous ses défauts, si Tony Adriance ne s'était pas mis lui-même et ses possibilités dorées sur son chemin ? Les questions étaient laides et lui envoyaient du sang au visage. Il s'arrêta de marcher et se plaça près du mur de pierre bordant le trottoir, face à la rivière.

Il avait toujours été mécontent d'être simplement l'héritier de son père, d'une manière vague et non analysée. Désormais, le ressentiment menaçait de se transformer en rébellion.

Rébellion contre quoi ? Son père, qui lui a laissé une liberté absolue de toute contrainte ? Lucille, qu'il était parfaitement libre de ne plus jamais revoir, s'il choisissait de nier son hypothèse ? Il était complètement piégé par les circonstances, puisque le piège était ouvert et pourtant il ne pouvait pas en sortir.

Le point délicat sur le *i* de l'ironie était qu'il avait aimé Lucille, mais il savait qu'il devait être malheureux avec elle toute leur vie. Il pensait à elle encore maintenant avec un certain désir, mais il se méfierait toujours d'elle et se détesterait. Ses doigts agrippèrent le bord de pierre ; il éprouvait une envie passionnée envers les hommes qui étaient assez forts pour accomplir des choses insensées et désespérées, pour se frayer un chemin sans pitié à travers le réseau tenace des voies des autres. Il imaginait que la jeune fille en noir était une telle personne ; si elle considérait avoir raison dans une direction, elle la prendrait.

Mais au bout d'un moment, il se détourna et commença à rentrer chez lui. Il devait s'habiller, car il dînait avec les Masterson . On avait insisté pour se faire pardonner la nuit où il était resté absent pour dîner avec son père. Lucille n'était pas encore prête à entendre un murmure audible suggérer le divorce au monde ou à son mari. Tony doit aller et venir comme d'habitude pendant encore quelques semaines. Elle avait choisi d'oublier son appel, après avoir réprimé sa mutinerie. Mme Masterson n'était pas une généreuse gagnante.

CHAPITRE IV

LA FEMME QUI SAISIT

L' appartement des Masterson avait, comme beaucoup d'appartements de ce genre, un charmant petit hall d'entrée. Elle était éclairée par une lampe vert jade, suspendue dans des chaînes de bronze délicatement vertes par la teinte du temps ; et les notes de bronze et de jade terne se retrouvaient dans tous les meubles, dans le cuir et les tapisseries et même dans un grand vase chinois fermé par un dragon. Mais ces lumières verdâtres ne convenaient pas toujours aux visiteurs. Lorsque Tony Adriance entra dans le hall ce soir- là , ils lui parurent si inconvenants que la femme de chambre décida en privé qu'il était malade. Il n'était pas rare que son maître rentrait à la maison avec cet air usé autour des yeux et de la bouche. Elle se demandait si M. Adriance jouait.

Aucun des autres invités n'était arrivé. En effet, ce n'était pas encore le moment. Le tintement des verres et l'agitation des domestiques dans la salle à manger annonçaient à eux seuls l'événement prochain de l'hospitalité. Hospitalité? Tony Adriance restait immobile, arrêté dans son mouvement vers le salon ; le dégoût malsain de toutes les dernières semaines a finalement abouti à la paralysie devant la perspective de la farce qu'il était censé jouer, avec son hôte inconscient comme spectateur.

"Je... je ne suis pas prêt", se surprit-il à temporiser avec la servante. Son regard tomba sur un bureau et le poussa. " J'ai oublié une lettre importante ; je l'écrirai avant d'entrer. N'attendez pas, je connais mon chemin. "

Elle lui obéit. Bien sûr, il n'avait rien à écrire, mais il chercha une feuille de papier et prit un stylo. Il était enfin conscient de l'énormité de sa présence ici en tant qu'invité ; avant de l'avoir aperçu, maintenant il le voyait, nu.

Il ne pouvait pas continuer. Il n'y avait aucune raison pour que la conviction lui soit venue à ce moment-là, mais elle l'a été. Alors qu'il était assis là, cette connaissance a lentement atteint sa pleine stature avant sa vision, comme une figure réelle élevée sur le chemin qu'il avait suivi. Il ne s'agissait plus des désirs de Lucille ni des siens propres ; il ne pouvait pas faire ça.

Il n'était pas habitué aux détours complexes de la pensée ni à l'auto-analyse. Il ne comprenait pas encore ce qui l'excitait ni pourquoi. Mais il savait qu'il devait agir ; que son temps de dérive passive était terminé. Lucille lui avait autrefois reproché sa lâcheté. Aujourd'hui, la jeune fille du pavillon avait de nouveau innocemment porté plainte. Et la fille avait raison ; il était lâche de laisser un mal se développer et se développer. L'ami de Masterson dans la maison de Masterson ! Adriance laissa tomber le stylo que ses doigts crispés avaient plié et se leva.

La bonne était retournée vers ce centre d'activités qui s'approchait, la cuisine. Seule, Adriance parcourut le couloir jusqu'au salon.

Mme Masterson était seule là-bas, déplaçant quelques chaises introduites dans des endroits moins visibles. Les chaises extraterrestres étaient recouvertes de rose et gâchaient l'effet bleu nuageux de la pièce. Elle les bousculait avec une force vicieuse, comme si elle détestait les délinquants inanimés ; son expression était maussade et agitée.

Cette expression changea trop rapidement lorsqu'elle aperçut Adriance debout sur le seuil. Il saisit le changement habile qui le transforma en plainte gagnante.

"Toi, Tony ?" le salua-t-elle en s'avançant pour lui tendre la main. "Je suis si heureux que ce ne soit personne d'autre. *Vous* savez comment je dois m'arranger et tirer le meilleur parti du peu que j'ai. Comme je déteste cet endroit exigu, et apporter des chaises des chambres à coucher pour en avoir assez, et tout pincer... !" Elle jeta un regard autour d'elle avec un éclat de mépris, ses lèvres lisses et écarlates se soulevant en un ricanement.

Adriance parcourut lentement la pièce, pas très grande peut-être, mais à peine exiguë ; embellies par des lampes opalescentes et parfumées par le parfum des roses enchâssées dans de hauts et élancés vases en cristal de roche. Tout un mur était recouvert de la chaleur soyeuse d'un tapis chinois, sur le bleu duquel se soulevait la blancheur crémeuse d'un éléphant en ivoire pittoresquement sculpté et posé sur son piédestal. Même à ses yeux, rien ici ne justifiait le mécontentement.

"J'ai trouvé cela très joli", a-t-il déclaré en désaccord. "Je pensais que Masterson avait très bien fait les choses ici."

"Assez bien, pour un coin dans une maison, pas pour la maison", rétorqua-t-elle. "Je déteste vivre en appartement. J'ai toujours voulu des escaliers, des escaliers larges et brillants que je descendrais pour traverser de larges pièces !"

Elle inspira assoiffée. Dans sa robe étincelante qui laissait à découvert autant de sa beauté que le permettait une mode indulgente, ses grands yeux clairs avides, sa tête jaune légèrement penchée en avant alors qu'elle levait les yeux vers l'homme, elle était une incarnation vivante et inconsciente de l'avidité. Non pas la pitoyable cupidité de la nécessité, mais la cupidité qui, ayant beaucoup, convoite davantage. Comme s'il partageait son avis, Adriance savait qu'elle s'imaginait descendre les escaliers de la maison de son père, habillée et ornée de bijoux comme Mme Tony Adriance pouvait l'être et Lucille Masterson ne pouvait pas l'être.

Il n'était pas conscient du changement sur son propre visage jusqu'à ce qu'il en voie le reflet dans l'inquiétude soudaine et la question qui assombrit le sien. Il répondit alors à son expression, forçant sa voix à garder son ton grave et égal avec le dégoût inné de l'homme moderne et bien élevé pour les émotions trahies.

" C'est ça", interpréta-t-il. "C'est pourquoi vous m'épouseriez et quitteriez Masterson. Vous voulez plus que ce qu'il peut vous donner. S'il avait autant à donner que moi, ce qu'il a fait n'aurait pas d'importance. Vous le supporteriez. Peut-être avez-vous été supporte-moi."

« Tony ! » balbutia-t-elle.

" C'est bien vrai. J'ai été un imbécile solennel. Je me suis efforcé de renoncer sans broncher à mon amour-propre, parce que je croyais que je vous avais fait compter sur moi ; et pendant tout ce temps vous comptiez sur quoi Je possédais."

Elle a rassemblé ses forces après la surprise.

"Plutôt sévère, Tony, parce que je n'aime pas la vie coûteuse dans un immeuble !" » commenta-t-elle avec une ironie prudente. Se détournant, elle posa son écharpe en dentelle sur une table, profitant ainsi d'un répit dans son regard. "Ai-je déjà fait semblant de ne pas me soucier des choses belles et luxueuses ? Et cela signifie-t-il que je ne me soucie de rien d'autre ? Je pense que vous devriez vous excuser et prêter davantage attention à votre digestion."

Il s'arrêta un instant, se stabilisant. Comme d'habitude, elle avait réussi à lui faire sentir qu'il avait tort et qu'il avait honte.

"Je m'excuse", dit-il, avec moins de certitude. "Je ne suis pas venu ici pour dire tout cela, Lucille. Mais je suis venu pour dire ce qui aboutit au même but. Nous ne pouvons pas terminer ce que nous avons commencé. Nous ne pouvons pas le supporter. Pensez quoi que vous puissiez à moi comme un lâche. , je ne continue pas."

"En effet, je pense que vous êtes allé assez loin", répondit-elle calmement. "Supposons que nous nous asseyions et soyons civilisés. Fumerez-vous avant le dîner ?"

Il secoua la tête, déconcerté malgré lui par son caractère insaisissable, mais aussi irrité par sa décision. Et il savait qu'il l'avait vraiment vue il y a un instant ; la beauté qui avait fasciné ses yeux pendant un an ne pouvait cacher de sa mémoire cet aperçu de son esprit.

"Je ne reste pas dîner, merci", refusa-t-il. "Et je ne joue pas. Notre affaire semblait déjà assez grave comme elle l'était, mais vous m'avez montré une chose pire, tout à l'heure. C'était déjà assez grave de prendre la femme de mon ami par amour ; je ne peux pas et je ne veux pas la prendre par amour. grâce à l'argent de mon père."

Elle se retourna, rapidement et enflammée, et ils se regardèrent comme des étrangers.

"Vous avez oublié que nous sommes fiancés", dit-elle d'un ton cinglant. "Ou est-ce que ta conscience ne tient pas compte d'une parole brisée ?"

"Peut-être s'agit-il de faire preuve de tact en étant fiancé à un homme alors qu'on est marié à un autre", rétorqua-t-il, poussé à une brutalité étrangère à sa nature.

Le léger tintement des verres touchés les arrêta au bord d'une brèche qui aurait rendu la réconciliation impossible. Mme Masterson se laissa tomber sur une chaise, attrapant un éventail pour protéger son visage rouge. Adriance se tenait là, raide, sagement, ne faisant aucune tentative de nonchalance artificielle. Le domestique qui entra ne voyait que du calme dans son immobilité.

Mme Masterson porta avec empressement le cocktail offert à ses lèvres, comme si la colère les avait desséchées. Adriance prit un verre sur le plateau qui lui était présenté, mais le posa aussitôt sur la table ; maintenant qu'il s'en rendait compte, il sentait que l'hospitalité de cette maison n'était pas pour lui. Mais ce bref intermède les a aidés tous les deux.

Une fois le domestique parti, Adriance parla avec un calme retrouvé.

"Vous voyez, même maintenant, la situation nous a tous perturbés. Si ce n'était pas le cas, j'aimerais vous acheter des choses, je suppose. J'imagine..."

Il a rompu la phrase ; tout à coup, il s'était rappelé les petites chaussures à boucles achetées pour la jeune fille du pavillon. Il avait regardé d'autres choses avec intérêt dans le magasin en attendant son colis. Cela lui aurait fait plaisir d'acheter certains bas élaborés et d'absurdes mouchoirs à volants de dentelle.

"Je peux imaginer que je devrais le faire," termina-t-il maladroitement. "Lucille, tu finiras par être d'accord avec moi, j'espère. Mais même si tu ne le fais pas, je ne peux pas continuer."

Elle se leva et s'approcha de lui d'un mouvement rapide qui posa ses deux mains sur ses épaules avant qu'il ne comprenne son intention. Son visage chaleureux était juste sous le sien.

« Y a-t-il quelqu'un d'autre, Tony ? » a-t-elle demandé. "Une fille ? Bien sûr, ce serait une jeune fille qui aurait inspiré tout cela ; 'pure comme l'eau' - et aussi insipide ! C'est ça ?"

Elle aurait pu le frapper avec moins d'effet. Tony Adriance devint complètement engourdi par une colère dégoûtée. Quelle chose absurde sous-entendait-elle ? Les yeux gris brillants de la jeune fille dans le pavillon le regardaient à travers le regard alerte et inquisiteur de Lucille Masterson ; il le regardait avec une belle candeur, avec indignation. Il se sentit indigné, comme si la jeune fille elle-même avait été rendue présente dans cette vilaine scène. Et sans motif ! Il n'avait aucune idée d'aimer cette petite silhouette sobre ; il en avait marre de l'amour.

"Je suis désolé que vous ne puissiez pas me créditer d'un seul motif désintéressé", dit-il froidement. "En fait, tu as tort. Il n'y a personne d'autre que toi. Je m'en vais parce que tu n'es ni célibataire ni veuve, puisque tu m'obliges à répéter tout cela. Si tu étais..."

"Tu resterais ?" elle a chuchoté.

Il la regarda et, comme toujours avant sa magie, sa force s'affaiblissait. Il retira ses mains de ses épaules avant de répondre.

"Oui", concéda-t-il, sa voix changea. "Mais c'est fini, Lucille. Dites à Masterson que je suis parti à l'étranger pour rester."

Alors qu'il se dirigeait vers la porte, Mme Masterson se tourna vers la table et attrapa son verre intact. La peur et le chagrin furent balayés de son visage ; il brillait encore de sa rage tardive, mais ses yeux étaient illuminés de confiance et de soulagement ironique.

"À votre bon voyage et à votre agréable retour !" s'exclama-t-elle légèrement, lui faisant face de l'autre côté de la pièce. "Car tu reviendras, Tony. Le spasme passera et te laissera seul. Je peux attendre, alors. Bonne nuit."

Elle éclata de rire devant la consternation dans son regard alors qu'il s'arrêtait. Mais il se retourna et sortit, la laissant appuyée sur l'accoudoir d'une des chaises roses discordantes, le regardant.

De retour dans le hall, Adriance s'arrêta pour retrouver son calme conventionnel avant de sortir. Il a rappelé qu'il devait passer l'inspection par le garçon d'ascenseur et le valet de pied ; doit rencontrer leur émerveillement, non moins évident car muet, à son départ avant le dîner.

Le lourd vide de son attente fut brisé par le son le plus gai du monde. Le rire gargouillant d'un enfant heureux ondulait dans le silence comme un ruisseau, tombant en cascade dans une cadence de rires. Comme pour confirmer la reconnaissance avec laquelle Adriance avait commencé, le rire clair d'une jeune fille se joignit à la gaieté du bébé. En face de lui, une fine ligne de lumière traversait une porte recouverte de rideaux. Sans le moindre souvenir des convenances ou des conventions, il sauta de cette façon et ouvrit la porte.

Il était sur le seuil d'une crèche ; une pièce rose comme l'intérieur d'un bouton de rose, gaie de tout l'attirail adorable qu'exige la petite enfance, parfumée de poudre de violette et chaude comme un nid. Au pied d'un petit lit brillant, s'appuyant sur la rampe de cuivre tout en exécutant une danse du pied, se trouvait le seigneur du domaine ; ses cheveux soyeux, franchement roux, s'ébouriffaient en boucles scintillantes autour de son visage humide et rose, ses yeux bleus se fermaient par la joie. La jeune fille s'agenouilla en face, soutenant la silhouette potelée et sereinement indifférente aux petits doigts malicieux qui avaient détaché ses cheveux noirs de leurs tresses. Sans son chapeau, elle était plus jeune, encore plus saine et bonne qu'il ne l'avait pensé. Elle avait l'air aussi fraîche et franche que les baisers humides et aux lèvres ouvertes que le bébé lui prodiguait.

Peut-être que l'intrus a bougé, peut-être a-t-elle senti son regard, car tandis qu'il le regardait, la jeune fille a brisé l'image. Elle se leva brusquement, se tourna et le vit debout.

Au début, son visage surpris ne parlait que de surprise ; en fait, sa simple présence là-bas ne lui donnait aucune raison de ressentir davantage. Mais dans sa consternation, sa perplexité et son obsession totale, Tony Adriance s'est trahi.

"Je ne savais pas", balbutia-t-il, cherchant aveuglément la justification et les excuses. "Je ne savais pas qui était Holly – ni que tu vivais ici. Je suis désolé, je n'aurais pas dû parler…"

Il s'arrêta net. Il avait oublié la fiction d'un tiers avec laquelle il masquait sa confiance dans le parc ; oublié que la jeune fille ne connaissait ni son nom ni son but dans cette maison. Sans nécessité, il l'avait éclairée.

Car la jeune fille était prompte à percevoir. Peut-être que son expression à elle seule lui aurait dit la vérité s'il était resté silencieux. Machinalement, elle avait passé un bras autour du bébé, maintenant elle le rapprochait, comme pour le protéger. Ses yeux gris pluie le chagrinaient, lui faisaient des reproches, le réprimandaient. Possédant les plans de Lucille Masterson, tenant son fils dans ses bras, elle lui fit face pour le juger.

Bien sûr , il savait que Lucille avait un enfant, un peu comme il savait que son père possédait l'usine derrière l'enseigne électrique. Il ne les avait jamais vus ni l'un ni l'autre, sauf de loin ; ils ne signifiaient rien de réel pour lui. Mais maintenant, rien au monde ne semblait plus important. La jeune fille n'avait pas parlé, mais elle l'avait brusquement mis face à face avec de nouvelles choses.

"Tu sais, je l'aurais pris aussi," essaya-t-il de répondre à tout ce qu'elle n'avait pas dit, se détestant pour l'humilité instable qu'il ne pouvait cacher dans sa voix. "J'en ai toujours eu l'intention. J'avais l'intention de tout faire pour le garçon. Je pouvais – je suis Anthony Adriance ."

Elle parla alors, sa voix douce et rauque.

"Vous pouvez tout lui acheter ? Vous ne pouvez pas lui acheter son père. Et rien ne compensera cela."

"Mais--"

Elle a annulé la faible protestation.

"Je *sais* . J'ai un bon père. Et Holly," la compassion infinie de son regard embrassa le bébé, "il n'a même pas de vraie mère pour faire sa moitié. Ce n'est pas bien ; tu ne peux pas arranger les choses."

"Mais je l'ai fait ! Je vais——!"

Il a hésité. Comment lui expliquer la scène qui venait de se jouer ? Était-ce décent pour Lucille ?

"J'ai fait de mon mieux", balbutie-t-il. "Je te l'ai dit, tu sais que je n'ai pas aimé ça."

L'exclamation mêlait défi et appel ; c'était presque un cri arraché de lui. Sa position était déjà assez dure avant l'introduction de ce nouvel élément. La jeune fille comprit, car la colère s'éteignit dans ses yeux comme une flamme éteinte.

"Il doit y avoir un moyen", dit-elle doucement. "Il y a toujours un bon chemin, si seulement on peut le trouver. Je pense que vous feriez mieux de ne pas rester ici, maintenant. M. Masterson vient toujours à cette heure-là ; il est même tard pour lui."

L'avertissement avait été trop longtemps retardé. Presque au dernier mot, un pas d'homme retentit dans le hall, les rideaux s'écartèrent et la porte s'ouvrit.

"Quoi, Tony dans une crèche !" s'écria le maître de la maison avec une gaieté singulièrement fatiguée. Il s'avança et tendit la main à Adriance , son regard amusé tout à fait cordial. S'il se demandait comment l'autre homme était arrivé ici, il était à la fois trop indifférent et trop bien élevé pour le trahir. "Vous m'avez attrapé, c'est le seul endroit où je suis en retard", a-t-il ajouté. "Bonjour fils!"

Adriance n'a pas eu à répondre. Le bébé, qui regardait le visiteur avec des yeux ronds, explosa dans une folie de rires et de cris, se tordant hors de l'emprise de la jeune fille et plongeant vers le nouveau venu avec ses gros bras écartés avec insistance. Avec un regard d'excuse et à moitié timide à son invité, Masterson attrapa et lança Holly dans le jeu de folie exigé.

C'était un bon match, évidemment le résultat de l'entraînement. La pièce rose résonnait de triples cris de joie ; et Masterson riait aussi, lançant occasionnellement des phrases d'avertissement ou des commentaires.

"Jove, quel coup de poing ! Qu'est-ce que ça vaut pour les muscles, Tony ? Doucement, mon fils ! Comment trouves- *tu* ta perruque tirée ? Calme, maintenant."

Les deux hommes en arrière-plan regardaient. La gorge d'Adriance se contractait ; il suffoquait avec le sentiment terrible d'avoir échappé de justesse à un acte honteux. Il comprenait encore mieux la fille maintenant. Seulement, s'il se détestait autant, tout en sachant qu'au moins il avait mis fin au mal, combien plus sa vue claire devait-elle le trouver méprisable dans son ignorance de son amendement tardif ! Il n'osait pas la regarder. Il essaya de se souvenir des plaintes murmurées avec regret de Lucille Masterson concernant la négligence de Fred avec l'argent, sa « sauvagerie » et sa négligence à son égard. Mais il ne pouvait que penser lourdement que si Mme Masterson avait obtenu le divorce, la garde de l'enfant lui aurait sûrement été confiée, l'épouse irréprochable. Il n'y aurait plus eu de folies au coucher pour Fred Masterson et son fils. Comme ils se ressemblaient tous les deux ! Il avait oublié à quel point les cheveux de Fred étaient auburn et à quel point ses yeux étaient enfantins quand il riait.

IL N'AURAIT PLUS EU DE SALOPES AU Coucher POUR MASTERSON ET SON FILS

Avec un dernier cri et un dernier cri , le bébé échevelé et haletant fut replacé dans le lit, une joue rouge coquelicot suite à une rude caresse masculine. Un peu honteux de la sentimentalité, Masterson se tourna vers son invité.

"Partout!" il affectait la légèreté. "Viens prendre un Martini avant le dîner, Tony."

"Non, merci. Je ne pouvais pas." Adriance se ressaisit au prix d'un effort intense. "J'ai entendu votre enfant rire et je viens de regarder ici. Je devrais m'excuser ; je n'ai pas encore rencontré cette dame———"

Masterson le regarda avec curiosité.

"Mlle Elsie Murray, M. Adriance ", il obéit à la demande implicite. "Mlle Murray est assez bonne pour être la tutrice de Holly, car aucun membre de sa famille n'a le temps ou l'envie pour cela."

Elle était infirmière. Ce simple fait est revenu à Adriance pour la première fois. La robe noire austère, les petits poignets et le col blancs qui en faisaient un uniforme, sa présence constante auprès du bébé - toutes les preuves évidentes avaient été éclipsées pour lui par son visage et son allure, la personnalité ne s'accordait absolument pas avec la position dans laquelle elle se trouvait. elle était.

Il n'y avait aucun changement sur son visage. Il comprit qu'elle ne l'avait jamais imaginé ignorant sa relation avec Holly. Malgré toute sa confusion tourbillonnante de pensées, Adriance parvint à garder son sang-froid et à accepter la présentation comme il le ferait pour n'importe quelle gentille femme. Le mot suranné semblait lui convenir.

Elle l'accueillit avec un équilibre au moins égal au sien. Mais c'est lui qui lui tendit la main, sans se soucier de l'observation de Masterson. Il lui semblait qu'il n'avait jamais rien désiré de sa vie avec autant d'acharnement, d'acharnement passionné, qu'il désirait être justifié devant cette jeune fille. Il voulait qu'elle sache exactement ce qu'il ne pouvait honnêtement dire à personne : qu'il avait rompu avec Lucille Masterson de son plein gré. Ses yeux cherchaient les siens, implorant inconsciemment sa grâce de compréhension ; en effet, il avait l'idée confuse qu'elle comprendrait que la poignée de main qu'il lui avait offerte n'était hasardée que parce qu'il n'allait pas commettre le mal qu'ils détestaient tous les deux.

Peut-être qu'elle avait compris. Au moins, elle lui tendit la main, pour la première fois de leur connaissance. Il l'attrapa avec un éclaircissement de son visage tiré, se penchant vers elle.

"Merci!" il a dit. "Je félicite Holly ; vous lui apprendrez avec le temps Maître Raoul Galvez."

Ce discours l'a prise par surprise ; pendant un instant, elle ne retira pas sa main, son regard direct rencontrant le sien. Il vit ses yeux gris se troubler, devenir clairs, et encore se troubler ; brusquement, ses cils sombres les lui cachèrent.

"Oui," murmura-t-elle. "Oui."

Masterson les regardait tous les deux, les lèvres entrouvertes par un intérêt cynique. Mais personne n'a perçu le deuxième observateur. Mme Masterson s'était présentée à la porte pendant que Masterson jouait avec le bébé et se tenait toujours là, les yeux plissés et incrédules évaluant le tableau étonnant offert par sa nourrice et Tony Adriance . Elle-même avait suivi Adriance pour dire un dernier mot, ignorant le retour de son mari à la maison. Et elle avait trouvé ce groupe, dans sa crèche.

Quand les autres bougèrent, elle recula. Les rideaux se fermèrent sans bruit. Les deux hommes entrèrent presque immédiatement dans le hall, mais la lampe en bronze éclairait une pièce vide.

Masterson ne posa aucune question à son invité alors qu'ils s'arrêtaient devant la crèche, mais Adriance s'était suffisamment rappelé pour mettre la jeune fille à l'abri de l'embarras.

"Je me suis arrêté un jour pour parler à votre garçon dans le parc", remarqua-t-il avec désinvolture. "Mlle Murray lui racontait un étrange conte de fées qui m'a frappé ; en créole, je pense."

Masterson posa sa main sur l'épaule de l'autre avec une intimité depuis longtemps inutilisée entre eux, ignorant l'explication.

"Il semble que nous ne nous réunissions plus, sauf pour quelques absurdités mondaines", a-t-il regretté. "Nous étions assez proches, Tony. Tu te souviens de cette nuit dans le camp du Maine après que le canoë s'est renversé, quand il ne restait plus qu'une couverture et que nous nous sommes lancés pour l'obtenir ? Je ne me souviens pas qui a gagné, mais je sais que nous deux nous avons dormi dessous — autant que nous pouvions y passer. Il rit d'un air rappelant. "Eh bien, c'est loin d'être là-bas ! Allons-nous chez Lucille ?"

"Merci, mais j'ai présenté mes excuses à Mme Masterson," répondit Adriance d'un ton ferme. " J'ai reçu un télégramme... ! Je pars pour le reste de l'année ; peut-être plus longtemps. Je pars en Amérique du Sud. "

"Les affaires de ton père ? Je me souviens que tu as parlé une fois de quelque chose de ce genre. J'aurais aimé venir avec toi."

Il soupira de fatigue impatiente et tous deux restèrent silencieux un moment. Masterson se releva et tendit sa main fine et nerveuse.

"Eh bien, bonne chance avec toi, Tony. C'est généralement le cas, cependant ! 'À celui qui a———.'"

CHAPITRE V.

La Petite Maison Rouge

Le lendemain, il y a eu une tempête. Un vent mordant du nord balayait la rivière et la ville ; un vent qui emportait les premières particules de glace de l'hiver qui approchait. Il n'y avait pas d'enfants sur la promenade ou dans le parc, à l'exception de quelques gamins robustes, ni de l'âge ni de la classe, soignés par des infirmières. Personne, sans y être contraint, ne se souciait d'affronter cette journée sombre, grise et renfrognée dont le souffle était glacial.

Dans la salle du petit-déjeuner des Adriances , on avait essayé de compenser la tristesse extérieure à l'aide de lampes qui brillaient sous des abat-jour dorés. Mais seul un optimiste aurait pu tromper sa vision en acceptant le soleil artificiel comme satisfaisant. Tony Adriance fut même irrité par cette faible imposture et éteignit la lampe la plus proche de lui alors qu'il prenait place.

L'action était insignifiante, mais M. Adriance , assis de l'autre côté de la table ronde, jeta un regard attentif à son fils et en lut une interprétation. Il pensait que Tony souhaitait masquer la pâle fatigue de son visage. En cela, il avait tort ; Tony Adriance ne pensait plus à son apparence. Ne s'étant pas regardé dans un miroir, il n'avait même pas conscience des traces laissées par la nuit dernière. Il n'appréciait pas du tout l'importance avec laquelle son père demandait alors, courtoisement préoccupé :

"Tu ne vas pas bien ce matin ?"

"Très bien, merci," répondit Tony ; il leva les yeux de son assiette, quelque peu surpris par la question.

M. Adriance accueillit ce regard avec une sincère curiosité. Son premier hasard échouant, il en chercha un second. En effet, il savait très bien que Tony n'avait aucune des habitudes qui conduisaient à des matinées inconfortables, même si, à un regard désinvolte, son attitude actuelle suggérait une nuit blanche. Heureusement, il n'avait pas perçu l'insinuation contenue dans la question du vieil homme et n'était pas offensé. M. Adriance détestait avoir tort.

Tony était trop apathique pour aborder le sujet. Après avoir vainement attendu un moment que son père lui explique son enquête, il se mit à déjeuner plus ou moins indifféremment. Il conjecturait quant à sa propre capacité à exposer son problème à l'inspection calme du monsieur de l'autre côté de la table. Il était descendu avec cette intention, née de l'amère expérience de la nuit de solitude et de malheur. Il sentait désormais que le projet était impossible. Son père et lui n'étaient pas suffisamment intimes. Il souffrit d'un accès de découragement et de lassitude. Sa seule idée avait échoué, mais il fallait pourtant décider quelque chose, suivre une voie.

"Vous avez dîné chez les Masterson , hier soir, je crois ?" M. Adriance avait trouvé son deuxième danger. Inconsciemment, sa voix s'accentua ; il serait intolérable que Tony et Masterson aient fait entre eux une scène maladroite. Parfois, M. Adriance se demandait ce qu'une femme aussi intelligente que Lucille Masterson avait pu voir chez l'un ou l'autre.

"Non," nia Tony.

"Non ? J'avais compris——?"

"J'ai dîné en ville."

C'était le premier mensonge délibéré que le jeune homme racontait à son aîné de toute leur vie commune. Mais Tony était confronté à une totale impossibilité ; il ne pouvait pas avouer qu'il était resté assis jusqu'à minuit dans un pavillon de parc, sans plus penser aux routines de bon sens de la vie qu'un garçon sentimental. Néanmoins, sa voix ne parut pas convaincante à ses propres oreilles, et l'humiliation l'envahit comme une vague de chaleur. Le désir de s'éloigner de tout le monde et de tout ce qui lui était familier faisait qu'il lui était difficile de ne pas surgir et de quitter la pièce et le petit-déjeuner inachevé.

Mais M. Adriance fut convaincu et apaisé. Dans son soulagement, il ressentit un désir très gentil de soulager Tony de son évidente dépression.

"Vous semblez avoir quelque chose en tête", observa-t-il. "Si c'est quelque chose que je peux retirer, fais-moi appel, je t'en prie, Tony."

« Financièrement ? demanda sèchement son fils.

" Certainement, si vous voulez. Vous n'êtes pas du tout extravagant. En fait, vous êtes une charmante contradiction avec bien des conceptions populaires concernant ceux qui ne sont pas employés de force. "

"Merci. Mais j'aimerais que vous m'employiez, monsieur, sinon de force. Je veux partir pendant un certain temps, pas seulement pour m'amuser. Ne pouvez-vous pas m'envoyer quelque part pour prendre en charge vos intérêts à la place d'un agent engagé. "Je pourrais peut-être apprendre à t'aider."

La dernière expression était malheureuse. Le front de M. Adriance se contracta et la cordialité disparut de son regard.

"Je ne suis pas encore à la retraite", signifiait-il. "Quand j'aurai besoin d'aide, je la demanderai, Tony. Naturellement, j'ai l'intention de te former à prendre en charge tes propres affaires après ma mort. Tu trouveras que cela suffit amplement à t'occuper, un jour. Je suis désolé si tu Je ne peux déjà pas vous amuser. L'année prochaine, si vous le souhaitez, nous aborderons la question de votre formation commerciale. Cette année, je serai trop occupé. Vous êtes jeune et je ne suis pas vieux.

Son regard se tourna vers un miroir posé dans un buffet en face. Le visage reflété avait des contours clairs, fermes jusqu'à la dureté ; les yeux pleins et alertes, les cheveux soigneusement brossés si abondants que leur grisaille donnait de la dignité sans l'effet de l'âge. L'appréciation de soi toucha les lèvres de M. Adriance avec un sourire, alors qu'il regardait, atténuant sa légère contrariété. Son fils, en parcourant ce regard, ressentit un mouvement d'admiration similaire et un sentiment renouvelé de sa propre insuffisance personnelle. Tony Adriance n'avait rien accompli, et pourtant il était déjà fatigué. À quoi ressemblerait-il quand il aurait trente ans de plus ? Ce n'était pas vraiment le cas, craignait-il. Fred Masterson non plus ! À qui la faute et quel remède ?

M. Adriance , retournant à son café, fut surpris par l'observation de l'autre et haussa les épaules en acceptant le verdict sans gêne.

"Nous avons tout le temps, voyez-vous", remarqua-t-il. "De plus, vous n'êtes guère prêt pour des affaires abstraites. Vous n'êtes pas suffisamment installé. Après votre mariage, cela viendra. Moi-même, je me suis marié jeune. Le mariage rend la vie privée suffisamment monotone pour ne pas gêner la conduite des affaires extérieures importantes."

"Est-ce que c'est vrai ?" spécula Tony, dubitatif.

"C'est normal. La monotonie est plus proche du contenu que l'agitation, n'est-ce pas ?"

"Est-ce que ça ne dépend pas du genre de monotonie ?"

"Bien sûr. C'est pourquoi chaque homme devrait choisir sa propre femme."

"Je vois. Si jamais je choisis une femme, je me souviendrai de son conseil."

Cette fois, M. Adriance était étonné. Il ne manqua pas l'importance de la remarque, ni le changement chez Tony depuis la veille, quand il l'avait vu pour la dernière fois. Il n'était pas possible d'être explicite sur une question aussi délicate, surtout en présence de domestiques ; mais sa curiosité ne pouvait être niée.

« Vous n'en êtes pas… arrivé à ce point ? J'avais imaginé… »

"Je n'ai pas un tel engagement pour le moment", fut la réponse constante.

M. Adriance repoussa son doigt et laissa son cigare être allumé par l'automate déférent derrière sa chaise.

"Je suis désolé", a-t-il dit.

Son fils ne l'a pas mal compris ; en fait, il comprenait peut-être plus clairement que l'homme plus âgé lui-même. M. Adriance avait choisi l'hôtesse qu'il voulait pour sa maison, ou plutôt, il avait été enchanté par le prétendu choix de Tony. Lucille Masterson a comblé son idéal d'épouse de son fils. Sa beauté serait un motif de fierté ; son expérience sociale la rendrait compétente pour le poste ; de plus, elle était trop intelligente pour ne pas avoir courtisé et gagné la véritable sympathie du père de Tony depuis longtemps. Fred Masterson n'a guère été pris en considération, sauf comme un obstacle facilement écarté, le moment venu. Et maintenant, Tony lui-même était en train de bouleverser toute la vie de famille agréable que M. Adriance avait prévue. Il savait que son père n'abandonnait jamais volontairement un plan parfait ; rarement, en effet, il était détourné d'un but sur lequel son esprit était fixé.

"Peut-être reconsidérerez-vous cette déclaration plus tard", suggéra alors M. Adriance .

"Je ne pense pas, dans le sens où tu veux dire," répondit-il lentement.

M. Adriance se releva brusquement.

«Je l'espère», dit-il avec une touche d'acuité; "J'espère que tu ne vas pas devenir indécis et changeant, Tony. Je déteste la faiblesse de caractère. Peut-être que tu ferais mieux de faire un voyage quelque part et de te mettre en forme."

"Peut-être," acquiesça Tony ; sa voix n'était pas cédante, mais maussade et désespérée.

En fait, il était aussi proche de la maladie qu'un homme sans blessure physique ni maladie. Après que son père eut quitté la salle du petit-déjeuner, il resta assis pendant un long moment dans une incapacité mentale totale à entreprendre le moindre effort. Enfin il se releva, opprimé par un sentiment d'étouffement dans l' atmosphère riche et sombre ; d'emprisonnement et d'impuissance. Il avait besoin d'air et de solitude, de cette solitude qu'il était venu échapper dans la salle du petit-déjeuner, et il ne voyait aucun endroit où il puisse être aussi bien assuré des deux que dans son automobile.

Dans son abstraction, il marchait tête nue et sans pardessus sur la pelouse gelée entre la maison et le garage. Il était assez indifférent au temps ; son chauffeur lui enfila des fourrures et lui passa naturellement ses gants et sa casquette, sinon il aurait pu partir mal équipé pour affronter le vent et la tempête.

Il a balancé sa machine de la pente en ciment vers la rue et a traversé Broadway. Il ne souhaitait pas croiser Elsie Murray installée dans le pavillon du parc avec Holly Masterson à genoux ; pourtant, ses pensées étaient si influencées par elle que lorsqu'il atteignit la cent trentième rue, il tourna de nouveau vers l'ouest et prit le ferry pour traverser l'Hudson. Il n'avait pas de meilleure raison pour cela que la tranquillité et le contentement qu'elle semblait tirer de la contemplation de la rive opposée.

Il a gravi la colline de Fort Lee à toute vitesse avec une foule d'autres voitures, a tourné vers l'ouest et le nord pour échapper à leur compagnie et à tous les points de repère qu'il connaissait. Il a évité la route principale et a choisi de simples routes et voies de traverse et de colline. Il avait toujours devant lui le joli et vif visage de Lucille, le jeune visage fatigué de Masterson et les yeux gris d'Elsie Murray.

Une nourrice ! La jeune fille qui lui avait raconté la légende de Raoul Galvez, la jeune fille à l'aune de laquelle il était parvenu à se mesurer lui-même et ses compagnons et qui avait fixé l'attention paresseuse de sa conscience sur les méfaits provoqués par sa bonté cédante, cette fille était La nourrice de Lucille. Cet étonnement de la veille restait en lui, colorant toutes les autres émotions. Il était sorti pour arranger ses pensées, mais les heures passaient et elles restaient dans un état chaotique.

Vers midi, il courait à travers une étroite piste boisée lorsqu'un virage de la route révéla soudain son chemin bloqué par un énorme chariot qui se tenait devant lui. C'était une camionnette de déménagement ; ses côtés en toile distendus par des meubles et des accessoires ménagers volumineux, ses portes arrière ouvertes pour permettre à une immense armoire à l'ancienne de se tenir entre elles. Adriance a arrêté brusquement sa machine.

« Dégagez le chemin là-bas », cria-t-il avec impatience au conducteur invisible ; "Qu'est-ce qu'il y a... en panne ?"

La réponse est venue, non pas de l'avant caché de la camionnette, mais de la berge qui bordait la route.

"Très bien, mais n'est- ce pas dommage que tu sois venu à l'heure du dîner !"

La réponse fut inattendue ; Adriance a regardé la voix du plaignant. A l'abri d'un gros rocher qui offrait une certaine protection contre le vent, trois hommes étaient assis, chacun avec une boîte à lunch en cuir sur les genoux. Deux d'entre eux portaient des tabliers rayés de déménageurs ; le troisième était évidemment le porte-parole et le chauffeur. Tous trois tenaient diverses portions de nourriture et regardaient l'intrus dans l'attitude dans laquelle son avance les avait arrêtés.

"Ce n'est pas comme si nous pouvions simplement y aller", a poursuivi le chauffeur, sans ressentiment mais avec un dégoût impersonnel. Il remit la pomme dans sa boîte à lunch et se leva. "Nous devons parcourir un kilomètre avant que vous ayez la place de passer. Allez, les garçons."

"Non", Adriance sortit de son égocentrisme pour interdire le bouleversement. "Je ne suis pas pressé ; terminez votre déjeuner et j'attendrai."

Les trois sur la rive le regardèrent plus intensément.

"Vous êtes un sport", complimenta le chauffeur ; "mais il n'est pas plus de midi cinq minutes."

"Qu'est-ce que cela a à voir avec ça ? Oh, je vois ; tu veux dire que tu te reposes jusqu'à une heure ?"

"C'est parti."

"Eh bien, j'ai dit que je n'étais pas pressé", a-t-il accepté le retard qu'il n'avait pas envisagé. "Reposez-vous et je fumerai."

Les trois hommes se regardèrent, puis le chauffeur s'assit lentement. Les chevaux qui mangeaient étaient protégés du froid, mais les hommes semblaient indifférents à la température. Toutefois, ils étaient manifestement gênés par la présence de l'homme dans l'automobile.

"Cette route n'est pas très fréquentée", hasarda alors le chauffeur. "Nous transportons ce chargement jusqu'à une ferme ici . C'est pourquoi nous avons pensé que nous pourrions arrêter la circulation sans nous faire remarquer."

Ses yeux ronds et brillants posaient une question à laquelle Adriance répondit avec une véracité douteuse.

"J'ai perdu mon chemin."

"Oh!" Le conducteur fit une pause, puis glissa brusquement sur la berge.

" Ce n'est pas nous les cochons ", observa-t-il d'un ton dépréciant, s'approchant du côté de la voiture et offrant sa boîte à lunch. "Tu ne veux pas manger ?"

Les yeux bleu foncé fatigués de Tony Adriance rencontrèrent les yeux bleu clair joyeux de l'autre homme. Les deux hommes avaient à peu près le même âge, et l'un d'eux était désespérément seul et las de ses propres pensées. Ils sourirent tous les deux involontairement.

"Merci, je le ferai", dit Adriance ; et prit un épais sandwich au pain de seigle dans la boîte présentée. Le conducteur s'assit sur le marchepied de l'automobile et il y eut un silence bien employé.

Le sandwich était excellent. Adriance avait pris un petit petit-déjeuner ; pourtant, livré à lui-même, il n'aurait guère pensé à la nourriture dans son amère préoccupation ; mais ça lui a fait du bien. Le jambon enduit de moutarde bon marché avait un zeste qui lui était propre, un peu brutal peut-être, mais efficace. C'était aussi un sandwich généreusement conçu, pas une frêle gaufrette. Il a tout mangé, même la croûte âcre.

"' Autre ?" a invité l'hôte.

"Non, merci, mais celui-là avait bon goût." Adriance sortit son étui à cigares. « Ne voudriez-vous pas tous fumer avec moi, maintenant ?

Les cigares furent passés et allumés. Avant de rendre la valise, le chauffeur a franchement inspecté le beau jouet en cuir avec le petit monogramme dans un coin.

"Tout va bien", approuva-t-il en le rendant à son propriétaire. "J'avais peur que tu sortes une petite boîte de cigarettes en or."

"Pourquoi?" amusé.

"Oh, je ne sais pas, c'est ma chance, je suppose."

"Tu ne les aimes pas ?"

"Moi ? J'ai une pipe vieille de trois ans qui contient *du* tabac, ça pour moi. Mais ce cigare va bien. Avez-vous déjà essayé une pipe ?"

"Oui."

Le conducteur s'appuya confortablement contre la roue de secours attachée à côté de la voiture, regardant le ciel gris et froid.

"Une pipe, mes pieds sur la cuisinière, les enfants et la femme, moi pour ça, les nuits."

Adriance le regarda avec un regard surpris. Il aurait presque pu imaginer qu'Elsie Murray était venue aux côtés de l'homme et l'avait incité. Quoi, était-ce alors réel et habituel, ce contenu simple qu'elle avait autrefois peint avec tant de vivacité ? La plupart des hommes possédaient-ils de telles maisons ?

"Tu es marié?" » demanda-t-il vaguement.

"Bien sûr, ces cinq années ; nous avons deux enfants." Le jeune conducteur rit et secoua la tête avec un souvenir rappelant. "Maudits petits gars ! Ce qu'ils ne font pas, je ne sais pas. Ils ont traîné un gros chiot taureau dans la rue la semaine dernière, ils l'ont fait et ont fait peur à ma femme. Pete - il a quatre ans - le tenait par le col. audacieux comme de l'airain, et c'est assez laid pour vous effrayer. Dites, j'essaie un de ces plans pour entraîner les enfants avec lui, l'exercer, vous savez. Vous devriez voir les muscles qu'il a déjà, les bras et les jambes durs comme des clous. . Vous pensez que ça fonctionnera bien ?

Adriance baissa les yeux sur le visage impatient.

"Oui, je le fais," dit-il lentement. « Vous ne pouvez pas avoir plus de vingt-cinq ou six ans… ?

"Vingt-cinq, c'est vrai."

"Tu as dû travailler assez dur ?"

"Depuis que j'ai quatorze ans", fut l'assentiment joyeux. Il sortit une montre du type dollar et la regarda. " Il est une heure ! Nous nous entendrons à nouveau, les garçons. Oui, j'ai été occupé. Mais ma femme et moi économisons. Un jour , j'aurai ma propre entreprise de camionnage ; il y a c'est beaucoup d'argent. Eh bien, nous vous sommes certainement reconnaissants de nous avoir attendus.

Les deux autres hommes descendaient la berge. Adriance ôta son gant et tendit la main à sa connaissance.

"Je suis content de t'avoir rencontré. Bonne chance!"

"Pareillement!" Il ôta sa moufle pour donner le fermoir. "Tu vas au ferry ?"

"Je—je—? Oui."

"Eh bien, tournez lorsque vous arrivez à la route suivante. Elle est en mauvais état, mais c'est un raccourci vers la route des Palisades ."

Les chevaux furent dénudés et les sacs qui contenaient leur déjeuner furent enlevés. Les hommes montèrent à leur place, et bientôt la vigoureuse machine d'Adriance rampait de manière rebelle derrière le camion de déménagement.

Au bout d'un kilomètre et demi , ils arrivèrent à la route secondaire et se séparèrent avec de joyeux cris d'adieu.

Il était impossible de mesurer le bien que cet intermède de saine compagnie avait fait à Tony Adriance . Il avait balayé les vapeurs, ramené son esprit à la normale, l'avait revigoré comme un tonique âcre. Pourtant cela lui avait fait un reproche. Il contrastait avec ce mari et père enfantin ; oui, contrastait M. Adriance , senior, avec ce chauffeur qui entraînait anxieusement le corps de son fils par ses propres efforts après la journée de travail. Il ne se souvenait pas que son père ait jamais joué avec lui ou lui ait conseillé sérieusement. Même Fred Masterson faisait mieux.

La route débouchait brusquement sur la grande route. Une automobile qui passait retarda momentanément Adriance , et regardant distraitement de l'autre côté du chemin, il aperçut une maison. Une fois que l'autre voiture fut passée et que la voie fut ouverte, il resta assis, immobile dans sa machine, à regarder.

Il n'y avait rien dans la maison devant lui qui attirait le regard, à l'exception d'un certain air de robustesse surannée qui avait survécu à la désertion. C'était plutôt une chaumière qu'une maison, portant une pancarte « À vendre » et inoccupée. C'était une maison peinte en rouge, construite selon ce style gothique absurde autrefois privilégié par certains constructeurs fous. Son toit ridicule et ses fenêtres étaient très pointus ; son porche haut et étroit avait un sommet pointu comme une caricature de l'entrée de *Notre-Dame de Paris*. Il se tenait assez à l'écart de la route avec un air d'abandon ; mais c'était d'une gaieté invincible, même sur le ciel gris. C'était une maison qui se voulait confortable.

Adriance réalisa soudain qu'il était très fatigué. Il n'était pas prêt à rentrer chez lui ; il songeait même avec horreur à y aller. Pourtant, il était las de guider sa machine sur l'autoroute. Il quitta son siège et remonta le chemin en bois – large de deux planches – qui menait au chalet. Les fenêtres étaient béantes, sans rideaux ; il regarda à l'intérieur, puis s'assit délibérément sur la marche et tomba dans une lourde rêverie.

Il y avait peu de passants ce jour-là. Ceux qui étaient obligés de prendre la route s'attardaient dans le froid pour regarder avec curiosité l'automobile stationnée près du caniveau et le jeune homme assis sur la vieille marche en bois.

Il était quatre heures lorsque Tony Adriance se leva et retourna à son automobile. Il ne se dirigea pas vers le ferry, mais regarda de nouveau le panneau sur la maison ; puis a fait demi-tour avec sa machine et s'est rendu à une adresse située à sept milles à l'intérieur des terres.

CHAPITRE VI

LA FEMME QUI A DONNÉ

Tony Adriance n'avait pas vraiment tenu compte de la météo jusqu'à ce qu'il se dirige vers le pavillon de pierre de Riverside Drive au crépuscule ce soir-là. Le froid et le vent avaient légèrement imprimé sur son esprit préoccupé et son corps sain. En fait, son sentiment était celui d'un homme souffrant de fièvre plutôt que d'un homme frissonnant. Et il était brûlant d'un sentiment sauvage de victoire, car il rapportait la décision avec lui. Il savait enfin ce qu'il avait l'intention de faire.

Il fut amené à tenir compte de la météo par son besoin de voir la jeune fille qui était l'infirmière de Holly. Il resta un moment dans le pavillon, après avoir réalisé l'absurdité d'espérer la retrouver, et réfléchit. Il était habitué à suivre sa propre voie ; il était peu probable qu'il l'abandonne lorsque sa nécessité devenait urgente. Sa méfiance à l'égard de lui-même était profonde, même si elle n'était pas avouée ; il n'osait pas attendre le lendemain. En outre, la tempête pourrait continuer. Après une brève pause de perplexité, il se dirigea vers Broadway, trouva une papeterie et un messager, et envoya une note à Miss Elsie Murray. Il regarda curieusement le nom, une fois qu'il fut écrit ; cela semblait si doux, voire enfantin, assorti à sa fermeté à laquelle il tenait à la seule chose stable à sa connaissance.

Viendrait-elle ? Le doute lui tenait compagnie sur le chemin du retour au pavillon. Pourrait-elle se libérer des devoirs à venir, si elle le souhaitait ? Il ne le savait pas, mais il était obstinément résolu à la voir ce soir-là. Il était en effet comme un homme en fièvre ; une idée le consumait.

Un quart d'heure s'écoula ; une demi heure. Le crépuscule, l'heure de leur aventure fixée par hasard, s'était presque assombri la nuit lorsqu'Adriance aperçut la petite silhouette qu'il surveillait sortir du trottoir. Elle se dépêcha, faillit traverser la large avenue en courant, le vent enveloppant ses vêtements autour d'elle.

"Merci", la salua l'homme, sa gratitude très sincère.

La jeune fille écarta son discours d'un geste. Elle respirait rapidement ; au milieu de toutes les ombres, son visage était blanc et petit.

" Bien sûr que je suis venue", dit-elle. "Ce n'était pas facile de venir. Je ne peux pas rester longtemps. Mais je savais que vous ne l'auriez pas envoyé si ce n'était important."

"Non", affirma-t-il avant de faire une pause. "Je me demande pourquoi tu es là ? Je veux dire, pourquoi es-tu l'infirmière de quelqu'un, à qui on donne des ordres alors que tu pourrais faire des choses bien meilleures ? Bien sûr, je peux voir à quel point tu es différent !"

Il s'arrêta avec un sentiment de maladresse alarmée. Parce qu'elle était fatiguée, la jeune fille s'assit sur le banc de pierre froide avant de répondre.

"Vous avez tout à fait tort," dit-elle doucement. "Je ne peux pas du tout faire des choses intelligentes. Je ne veux pas dire que je suis exactement stupide, mais que je ne peux rien faire d'aussi bien que de me faire payer pour cela. Mon père non plus. Je pense qu'il est le meilleur homme. dans le monde, et ma mère est la femme la plus chère, mais ils ne peuvent pas gagner d'argent. Il est professeur de romans et d'histoire dans une petite université de Louisiane. Nous sommes bon nombre – j'ai quatre sœurs plus jeunes – alors je suis venu Nord pour subvenir à mes besoins."

"Mais--"

" Pas comme infirmière, bien sûr. Je suis venue avec une vieille dame dont nous connaissions le fils au collège. Elle m'a demandé d'être sa secrétaire particulière. Mais au bout de quelques mois, elle est décédée. Je ne pouvais pas redevenir un fardeau. Après avoir essayé de trouver d'autres choses à faire, sans succès, je suis venu m'occuper de Holly. Pourquoi parlons-nous de moi ? Il y avait quelque chose d'important, dis-tu ?

"Je… oui", dit Adriance . Il pouvait lire bien plus que ce qu'elle lui disait. Ensuite, il eut honte de se rappeler qu'il n'éprouvait ni n'exprimait aucune pitié pour ses espoirs déçus. Toute son attention était fixée sur son courage inébranlable ; l'esprit combatif qu'il avait deviné en elle et envers lequel son indécision parvenait à des mains faibles cherchant à tâtons dans le noir un appui.

La jeune fille se recula derrière la colonne de pierre la plus proche d'elle alors qu'un souffle de vent glacial passait.

"Bien?" elle a suscité son hésitation.

Elle a réussi. Il s'approcha d'elle pour se faire entendre ; la fièvre des dernières vingt-quatre heures s'épaississait et hâtait son discours.

"Je ne vais pas vous parler de Mme Masterson", lui dit-il. "En premier lieu, tu n'as pas voulu m'écouter, et en deuxième lieu, je n'ai rien à dire. Mais tu dois savoir qu'hier soir, elle a rompu ses fiançailles avec moi. Je veux dire, avant de te voir à la crèche. J'étais libre, alors. »

"Elle t'a renvoyé ?"

Il avait délibérément réfléchi, à ses dépens, au mensonge qui protégeait Lucille Masterson. Mais il lui fut plus difficile qu'il ne l'avait prévu de jouer ce faible rôle avant Elsie Murray.

"Oui," il força un aveu difficile.

"Tu n'avais pas besoin de me dire ça," sa lente réponse traversa l'obscurité jusqu'à lui. "Je sais que ce n'est pas vrai. Et je sais ce qui est vrai. Peu importe comment j'ai appris. Mais autant parler honnêtement."

Il aurait pu crier de grand soulagement. Au lieu de cela, il a saisi le privilège offert de la parole.

"Je le ferai, alors ! Vous savez ce que j'ai fait à Fred Masterson. J'ai apporté le glamour de l'argent, de ce que je pouvais acheter, dans sa maison et j'ai éveillé sa femme au mécontentement et à l'ambition. Je ne savais pas quel mal je Elle travaillait, jusqu'à ce qu'il soit trop tard. Je n'en ai pas compris une partie jusqu'à hier soir. Et maintenant, quoi ? Et si je partais ? Où puis-je aller ? À l'étranger, ou en voyage de chasse ? Pendant mon absence, elle obtiendrait le divorce, quand je revenais, elle et les autres me poussaient à me marier. Mon propre père me pousse. Tout le monde la plaint et pense que la chose est convenable. Vous ne me connaissez pas ! Je l'aime bien et je me laisse facilement pousser. Je vous le dis, jusqu'à hier soir, je n'ai fait que dériver. J'ai encore peur de moi-même.

"Alors pourquoi m'as-tu envoyé chercher ?" » demanda-t-elle après un silence.

Il y avait autant de maussade que de résolution dans le geste inconscient avec lequel il croisa les bras.

"Parce que je veux arrêter cette chose. Parce que je vais suivre mon propre chemin pour le reste du voyage au lieu d'être poussé et tiré. J'ai arrêté ce soir."

"Comment ? Que veux-tu dire ?"

"Je quitte la position où je ne suis pas assez fort pour tenir bon. Et parce que je me connais, je la répare pour ne pas pouvoir revenir en arrière. Vous" - il trébucha sur le mot - " vous n'êtes pas beaucoup mieux loti que moi. , en ce qui concerne l'obtention de ce que vous voulez de la vie. Voulez-vous… allez-vous tenter l'aventure avec moi ? Je pense que je suis sûr que je pourrais garder la moitié de ma maison. Vous avez dit un jour que vous aimeriez être la femme d'un pauvre… »

Le dernier mot s'éteignit comme si son audace lui faisait taire avec le sentiment de ce qu'il avait demandé si facilement. La jeune fille se leva, se balançant légèrement sous le vent fort ; ses doigts agrippèrent la balustrade de pierre derrière elle tandis qu'elle s'efforçait de voir son visage dans l'obscurité. Un réverbère envoyait une légère grisaille dans le pavillon, mais il se tenait dans l'ombre.

« Vous… me demandez… ?

Il rit brièvement pour dissimuler son propre embarras.

"Epouser un homme qui n'est rien d'autre qu'un chauffeur sans travail ! Conduire une voiture est mon seul moyen de gagner de l'argent, pour le moment. Bien sûr, si nous partons ensemble , nous devrons vivre de ce que je pourrai apporter." Ce n'est pas très éblouissant, mais être infirmière ne l'est pas non plus.

La compréhension lui vint peu à peu.

"Tu ferais ça pour ne jamais pouvoir revenir en arrière", murmura-t-elle, à moitié pour elle-même. "Etre coupé de tout le monde, à cause de moi !"

"Pas ça!" il a présenté des excuses rapides. "Eh bien, tu es au-dessus de moi à tous points de vue ! Non, c'est parce que je ne peux pas rester seul. Et, bien sûr, si j'étais marié..."

"Mme Masterson donnerait une autre chance à son mari", a-t-elle terminé.

Il ne pouvait pas voir son expression, mais il sentait son amertume et le fait qu'il était en train de perdre.

"Ne soyez pas offensé", a-t-il lancé. "Je pensais que nous pourrions être de bons amis. Pourquoi, si je ne vous respectais pas et ne vous admirais pas, est-ce que je demanderais à passer ma vie avec vous ? Je sais que je ne vous offre pas grand-chose, mais c'est mon meilleur."

"Tu ne m'aimes pas."

Il baissa la tête devant cette affirmation ; car c'était une affirmation, pas une question. Après la compagnie éblouissante de Lucille Masterson, l'amour n'était guère une émotion qu'il pouvait associer à la petite figure grave et tranquille d'Elsie Murray. Il fut de nouveau surpris et embarrassé, et il le montra.

"Je ne suis pas très sentimental, j'en ai peur. Ne pourrions-nous pas commencer par l'amitié ? J'essaierai de faire un bon camarade au quotidien ."

Le délai fut long, si long qu'il anticipa le refus et sentit son cœur se serrer de perte et d'appréhension. Tous ses plans, réalisa-t-il soudain, étaient fondés sur une force tirée d'elle. Il a senti le tremblement de sa structure de résolution, avec ce soutien retiré. Une amertume déraisonnable l'envahit. Même elle ne l'aurait pas, sans le sou.

Elle frissonnait. Il l'a remarqué lorsqu'elle parlait.

"Vous souhaitez que nous nous comprenions ?" » dit-elle d'une voix plutôt ferme. "Très bien. Souviens-toi, alors, je n'ai jamais su qui tu étais jusqu'à hier soir. Tu étais juste un homme qui semblait seul, comme j'étais juste une femme seule. Souviens-toi que je suis humaine aussi, et imagine des choses, et à quel point c'est monotone. c'est être infirmière et faire les mêmes choses tous les jours. Je pensais que tu me parlais et que tu venais si souvent parce que tu commençais à m'aimer. Une fois, tu as acheté des violettes à un homme du coin, puis tu les as jetées avant de traverser. Je savais que tu les voulais pour moi, mais je craignais de ne pas vouloir que tu me les donnes. Je t'aimais plus pour les jeter que pour les acheter. J'étais... stupide. Et je ne peux pas t'épouser, parce que tu ne m'aime pas, pendant que je... pourrais-tu le faire.

Avec le dernier mot bas, elle le dépassa et quitta le pavillon, non pas en courant, mais avec le pas rapide et sûr de la finalité. Adriance resta debout, frappée par la pensée. Le coup stupéfiant était tombé sur ses idées accumulées et les avait dispersées comme de la poussière. Elle l'aimait. Lentement, la stupéfaction fit place à une honte brûlante pour l'insulte que lui avait faite sa proposition. Il avait été grossier, égoïste au-delà de toute croyance et enveloppé d'égoïsme. Il lui avait demandé d'être sa femme avec la grâce de celle qui engagerait une femme de chambre. Et il aurait pu avoir l'incroyable ! Une excitation qui montait lentement montait en lui ; un intérêt picotant et vivifiant pour l'avenir auquel il avait fait face avec une indifférence si maussade.

Elle avait disparu de notre vue. Adriance n'était pas prompt à réfléchir ni à se réajuster. Mais il savait où la chercher, désormais. Il sauta du pavillon et courut, jetant son poids contre l'opposition bruyante du vent. L'effort physique, dans cet air cuisant, faisait battre son sang d'une exaltation tonique. Il sentait que la morosité et la morbidité s'éloignaient de lui ; la joie de vivre prend leur place.

La jeune fille traversait une petite bande sombre de parc qui s'étendait devant la maison où vivaient les Masterson , lorsqu'il la rattrapa.

"Elsie Murray !" il haletait. "Elsie Murray !"

Sa voix avait changé, ainsi que son accent. Il lui parlait de manière possessive ; il ne dépendait plus, dirigeait-il. Instantanément sensible à la différence, la jeune fille s'arrêta.

"Est-ce que tu me fuis, Elsie Murray ?" Sa main se referma légèrement sur son bras, il se tenait au-dessus d'elle avec l'avantage de sa taille supérieure, et elle l'entendit aspirer l'air froid profondément dans ses poumons. "Je ne vous ai pas dit la vérité, là-bas. J'avais l'intention de le faire, mais je ne le savais pas moi-même. Je veux ce que vous pourriez donner, et je veux vous en donner autant. Eh bien, savez-vous ce qui m'a poussé vers mettre fin à toutes ces mauvaises affaires, qu'est-ce qui m'a donné l'envie de continuer ? C'est ce que tu as dit, la première nuit où je t'ai vu, à propos d'une femme qui attendait son mari, avec les lampes allumées, et tout. Je ne peux pas le dire. ce que je veux dire, je suis maladroit ! Mais tu viendras me garder la lampe ?

Elle essaya de parler, mais à sa grande consternation et à la sienne, elle se couvrit le visage ; ne pleurant pas, mais luttant farouchement pour ne pas pleurer.

"Non", lui lança-t-elle un refus. "Non non!"

À mesure que sa fermeté diminuait, la sienne gagnait. Elle avait l'air pitoyable et impuissante, elle, sa tour de force. Soudain, pour la protéger , il la surprit à l'assaut d'un violent tourbillon de vent ; il l'attrapa et la serra contre lui, dans la courbe de son bras.

"Si tu peux m'aimer et que je te veux, nous en avons assez pour commencer", insista-t-il gentiment. "Je te promets que je ferai ma part. Veux-tu essayer avec moi ?"

Elle resta immobile. Mais la longue pause, le contact entre eux, s'ajoutèrent au changement de l'homme et l'aidèrent.

« Veux-tu m'épouser ce soir ? » insista-t-il.

Elle s'éloigna de lui avec un éclat de sa résolution naturelle.

"Non ! Pas ce soir, si vous le pouviez !"

"Demain alors?"

"Rentre chez toi", lui dit-elle. " Rentrez chez vous, pensez à tout, à ce que vous avez et à ce que vous laisseriez, à tout ce que vous voulez et devez manquer. *Réfléchissez*. Et si demain... "

"Oui?"

« Si vous êtes sûr, revenez. Je… peux essayer. »

Il savait qu'il valait mieux ne pas la forcer davantage.

« Demain donc, je vous retrouverai à midi, au pavillon », céda-t-il tranquillement, malgré son excitation bondissante. "Et il y a autre chose. Une fois, je les ai achetés, pour vous. Bien sûr , je n'ai pas osé vous les donner, par la suite. Mais je ne les ai pas jetés, et je les ai mis dans ma poche ce soir. Peut-être les porterez-vous demain, quand nous partirons.

La tempête s'abattit à nouveau. Cette fois, il ne la retint pas de la rafale et elle s'envola avec elle dans l'obscurité. Mais elle prit dans ses mains le petit paquet qu'il avait serré ; elle avait enfin la petite paire de souliers à boucles.

* * *

CHAPITRE VII

L'AVENTURE AUDACIEUSE

Ils se sont mariés à deux heures le lendemain. Le mariage a eu lieu à l'église, à la demande d'Elsie Murray. Avec un certain défi expressif de son attitude envers le monde entier, Adriance , après avoir obtenu sa licence, l'emmena chez le recteur de cette cathédrale coûteuse et à la mode que les Adriance honoraient de leur adhésion et de leur fréquentation occasionnelle. Bien sûr, les deux furent surpris, mais il y avait une décision dans le discours du jeune homme qui interdisait toute interférence. L'ecclésiastique n'a pas trouvé le Tony Adriance familier, facile et bon enfant chez l'homme qui a brièvement fait taire la délicate allusion au caractère inattendu du mariage et à l'absence surprenante de M. Adriance , senior.

"Je suis majeur, tout comme Miss Murray", fut la brève déclaration dont la finalité terminait le commentaire. « Aurez-vous la bonté de ne pas nous retarder ; nous quittons la ville ?

Il n'y a plus eu d'objections. Bien sûr, la mariée n'était pas reconnue comme l'infirmière de Mme Masterson ; c'était simplement une fille inconnue. Et elle ne suggérait en aucun cas que M. Adriance se mariait hors de son monde. Adriance lui-même l'approuvait entièrement dans ce nouveau rôle . Il aimait son costume bleu foncé avec son blanc apaisant au niveau du col et des poignets, et son petit chapeau avec une modeste plume blanche juste au bon angle. Et elle portait les petites chaussures brillantes à talons espagnols de son choix. Il remarqua à quel point ses yeux gris étaient grands lorsqu'elle les leva vers les siens, grands et clairs comme l'eau pure est claire sous un ciel gris et immobile. Mais ses cils épais projetaient des ombres dessus, comme il avait vu un jour des lignes d'ombre s'étendre sur un petit lac du Maine un jour d'automne. Il se demandait si elle était heureuse ou effrayée. Il ne pouvait pas dire ce qu'elle pensait ou ressentait.

donc devant l'imposant autel de marbre crème, et l'annonce conventionnelle parvint aux journaux :

Adriance -Murray. Elsie Galvez Murray à Anthony Adriance , Jr., par le révérend Dr Van Huyden , à la cathédrale Saint-Dunstan.

C'était très simple, pour une aventure aussi audacieuse.

Lorsqu'ils se trouvèrent dehors, sous le soleil étincelant de l'automne, Elsie Adriance posa sa première question.

"Où allons-nous?" se demanda-t-elle, dans son discours doux et flou qu'Adriance reconnaissait désormais comme venant du Sud. Son deuxième prénom avait également attiré son attention. Il y avait autrefois un gouverneur de la Louisiane appelé Galvez ; La Nouvelle-Orléans a une rue qui porte son nom.

Mais il ne pensait plus à ses ancêtres. Il regarda son compagnon d'un air dubitatif. Malgré son allure refoulée, il souffrait d'une excitation terrible et d'un conflit déchirant entre volonté et désir. Il était parfaitement conscient du caractère définitif de ce qui avait été fait ; et une partie de lui souhaitait que cela soit annulé. Il pensait à son père et à Lucille comme pense un homme fiévreux ; les apercevant dans une confusion d'images rappelées, concevant leur attitude future avec l'exagération de son sentiment irraisonné de culpabilité et de ses regrets tardifs. Il se sentait enchaîné, et l'instinct de fuite le saisissait et le secouait. Mais il se tenait en main.

"Où veux-tu aller ?" » temporisa-t-il, retenant son propre souhait. Il lui appartenait de considérer elle en premier, maintenant et demain.

Elle secoua la tête.

"Je te suis", lui rappela-t-elle, tout simplement et gravement. "Où serait-ce le plus facile pour vous ? Vous avez parlé de sortir de la ville ; ce serait peut-être le mieux. Je pense, il me semble, que nous devrions commencer comme nous voulons continuer."

"Oui!" s'exclama-t-il avec impatience. Elle lui avait offert son désir le plus intime ; dans sa gratitude, il lui attrapa la main, balbutiant dans le flot des mots libérés. "Oui. Si vous voulez bien y aller, j'ai une maison, notre maison. Laissez-moi vous le dire. Hier, après vous avoir rencontré chez Masterson la nuit précédente, j'étais à la limite. Je devais rester dehors et continuer à bouger, ou Je n'arrêtais pas de voir Fred et Holly. Eh bien, j'ai fait un long trajet en voiture ; j'ai traversé la rivière, peut-être parce que vous regardiez toujours là-bas comme si c'était une sorte de pays des fées. Et sur le chemin du retour , sur la route qui longe les Palissades, j'ai vu la maison. C'était... je me suis arrêté et je suis entré. Cela ressemblait à un endroit que vous aviez fait en photo. Je ne peux pas expliquer ce que je veux dire, mais je me suis assis là et j'ai pensé Tu ne seras pas en colère ? Je l'ai acheté. Non pas que j'étais si sûr de toi ! Tu vois, si tu refusais de me prendre, je savais que j'avais assez d'argent pour en acheter cinquante comme ça sur un coup de tête. Et si tu viendrais, c'était la maison.

Il n'y avait aucune colère dans son regard, seulement une compréhension encourageante et une volonté cordiale.

"Allons-y", a-t-elle accepté. "C'est ce que j'aimerais le plus."

Réanimé, il la fit monter dans le taxi qui l'attendait, donna son chemin au chauffeur et ferma la porte dès leur première solitude conjugale.

"Mais c'est une des choses que nous ne devons pas faire", lui a-t-elle dit, apportant le soulagement de l'humour à la situation. "Nous ne devons pas prendre les taxis et les laisser nous attendre avec un prix à payer à chaque instant. C'est plus qu'extravagant, c'est imprudent."

Il éclata de rire, surpris.

" C'est ainsi . J'ai peur que vous ayez beaucoup à m'apprendre. "

"Oui," assuma-t-elle le fardeau. "Oui."

Ils se dirigèrent vers le ferry et le taxi monta à bord du large bateau à l'odeur désagréable. Lorsque l'engin démarra, la vibration du moteur envoya à Adriance une sensation lancinante de départ telle qu'il n'avait jamais ressenti en entreprenant un voyage en Europe. Cette fois, il ne pouvait pas revenir. Il était humblement reconnaissant du silence d'Elsie, qui permettait le sien.

Du côté de Jersey, leur taxi traversa lentement l'obscurité du ferry, puis plongea dans un monde baigné de soleil et se dirigea allègrement vers la longue colline d'Edgewater. Ils ont désormais abandonné le transport fluvial. Le soleil brillait à travers les bois qui recouvrent encore les longues étendues en forme de rempart le long du sommet des grandes falaises ; une forêt de joyaux comme les bois souterrains des Douze Princesses Dansantes, seulement, au lieu d'argent et de diamants, ces arbres arboraient le rouge de la cornaline et le brun de la topaze, le tout serti de cuivre et de bronze. La tempête de la nuit précédente avait jonché le sol des dépouilles du coffret à bijoux de Lady Autumn ; l'air était épicé et très clair.

Le village situé sur le premier versant des collines était sombre et pauvre. Ici-haut, sur les hauteurs qui serpentent le fleuve, il y avait peu de maisons, séparées par de longs espaces. Elsie se pencha à la fenêtre, ses yeux écarquillés embrassant tout. Adriance se pencha en arrière, ne voyant rien.

Le taxi s'arrêta néanmoins finalement à son signal, devant une petite maison rouge éloignée de la route.

"Ici?" demanda le chauffeur avec un mépris incrédule.

"Ici", affirma Adriance en sortant leurs deux valises et sa femme. Il rit un peu au visage de l'homme. "Combien?"

Le bilan a souligné l'avertissement d'Elsie. Elle fit une grimace à son élève. Le moral revenant, Adriance répondit à la réprimande en lui attrapant la main pour la conduire jusqu'à l'absurde et stupéfiant porche gothique en miniature.

"Je reviendrai chercher les bagages", a-t-il promis. "Viens voir, d'abord."

"Y a-t-il quelque chose à l'intérieur ?"

"Oh, oui. Je——" il la regarda de travers. "J'ai acheté des choses dans un magasin de Fort Lee, tôt ce matin. Je suppose qu'elles sont toutes fausses."

Elle rencontra sa méfiance avec un sourire si chaleureux, si enchanteur dans sa douce raillerie maternelle et son indulgence que son cœur fondit en lui. Et puis, tandis qu'il fouillait avec la clé, elle sortit de son sac à main un livre et une petite bouteille en verre et les lui donna.

"Quoi--?" il s'émerveillait .

"Tu ne sais pas?" » se demanda-t-elle. "'Où as-tu fini d'être élevé, mec ?' Ne savez-vous pas qu'il n'y a pas de chance dans la maison à moins que les premières choses qu'on y apporte ne soient la Bible et le sel ? »

Il ne le savait pas, mais il trouvait la superstition d'un charme singulier.

"Donnez-moi donc le sel et vous prenez l'autre", a-t-il divisé la cérémonie.

"Non", nia-t-elle doucement. "Vous devez porter le Livre, car vous ferez les lois. Je prendrai le sel, car je garderai le foyer."

Alors ils entrèrent, il fut étrangement dégrisé par la dignité qu'elle lui accordait.

Il n'y avait que deux pièces au rez-de-chaussée. Celui dans lequel ils entrèrent était grand et carré, avec un sol en brique teinté d'un doux rouge toscan et des murs en plâtre brun tendre. Une cheminée en brique a été construite contre le côté nord ; le mobilier comprenait deux fauteuils, une table ronde Sheraton et un vaisselier , une haute horloge en bois et quatre tapis en chiffon rouges et blancs. Dans un coin, modestement retiré, une table en bois simple supportait une cuisinière à huile, avec un air d'humilité décente et reculant devant l'observation. La porte ouverte au-delà révélait une chambre à coucher, également en lambeaux, meublée d'une noble maigreur , mais affichant un lit à quatre colonnes en frêne sculpté et noirci par le temps. Elsie jeta un long regard complet, puis regarda son mari avec des yeux écarquillés.

"Anthony, *où* les as-tu achetés ? Et combien les as-tu payés ?"

Personne dans sa mémoire n'avait jamais appelé Adriance par son nom non abrégé. Cela lui est venu dans le cadre de cette nouvelle vie où il était un homme adulte et un maître. Et il saluait la franche camaraderie avec laquelle elle l'utilisait, sans une affectation sentimentale de timidité.

"Dans un petit endroit avec une pancarte 'Antiquités'", a-t-il avoué. "Je l'avais passé dans la voiture. Je pensais qu'ils feraient aussi bien que des choses nouvelles, puisqu'il faut économiser. Je n'ai jamais acheté de meubles auparavant ; s'ils ne veulent pas..."

"Ils sont parfaits." La gaieté dans ses yeux s'approfondit. "Mais tu ferais mieux de me laisser t'aider la prochaine fois que nous ferons des achats économiques. Ne ferions-nous pas mieux d'allumer un feu, d'abord, pour chasser le froid ? Oh, et y a-t-il quelque chose à manger ?"

"Dans le placard là-bas; tout ce à quoi l'épicier peut penser", dit-il docilement. "J'irai chercher tout ce que vous direz. Mais d'abord, je vais courir jusqu'à la porte et apporter nos valises."

"Fais-le", approuva-t-elle. "Je veux un tablier. Tu sais, tu ne m'as jamais demandé si je savais cuisiner."

"Peux-tu?"

"Attendez et voyez. Quelle femme a pensé au poêle à mazout ?"

"La femme de l'antiquaire. Elle a dit que la cheminée était plus ennuyeuse qu'elle n'était utilisée et a suggéré de la bourrer de papier pour empêcher les courants d'air d'entrer."

"Eh bien, nous allons le bourrer de feu", a-t-elle déclaré.

Ils ont allumé le feu ; ou plutôt, Adriance l'a construit, aidée par les conseils délicats de la jeune fille. Quand les flammes rugissaient et bondissaient, elle l'envoya au magasin le plus proche où l'on pouvait acheter des lampes, la question insignifiante de la lumière ayant été négligée.

Lorsqu'il revint précipitamment du village, le besoin de lumière devenait imminent. Le crépuscule sombre est arrivé tôt ici, sous le bord des collines. En gravissant la route escarpée, Anthony Adriance regarda de l'autre côté de la rivière aux reflets violets la chaîne de lumières marquant la rue où Tony Adriance avait vécu et flâné. Déjà il se sentait éloigné, modifié ; il était intéressé à continuer avec cette chose. Bien sûr, il devait continuer, il avait dressé une barrière bloquant la retraite ; il avait pris une femme.

Il ouvrit la porte marron de la petite maison miteuse et s'arrêta.

Le feu dans le foyer s'était stabilisé à une stabilité chaude et rose, remplissant la pièce de sa lueur et déclenchant des ombres de velours qui tapissaient l'endroit simple d'un brocart aérien de motifs changeants. Au centre de la pièce se trouvait la table ronde, vêtue de blanc et ornée des articles de l'antiquaire en Wedgewood bleu et blanc. Le parfum du café et celui de la bonne nourriture flottaient dans l'air chaud. Le feu claquait par intervalles comme sous l'effet d'un excès jovial d'esprit, et une bouilloire à thé bouillonnait avec l'enthousiasme furieux de toutes les vraies bouilloires à thé. C'était la chambre de sa fantaisie, la maison inaccessible qu'Elsie avait imaginée le premier soir où il lui avait parlé avec son cœur malade.

Elsie elle-même se tenait près du foyer. Elsie ? Il ne l'avait jamais vue ainsi. Mais alors, il ne l'avait pratiquement pas vue, sauf dans le noir sévère de la livrée d'une infirmière.

Elle avait simplement enlevé sa veste, maintenant, même s'il ne s'en rendait pas compte. Son doux chemisier blanc s'éloignait d'une gorge ronde et pleine, de couleur pure et douce comme la crème. Elle n'était pas une beauté sylphide, mais une jeune fille-femme à la poitrine profonde, façonnée avec cette richesse de courbes et de contours que les artistes aimaient autrefois, mais que la mode désapprouve maintenant. Sa bouche aussi était courbée dans une douceur généreuse et féminine ; ni une fine ligne, ni un bouton de rose rond. Ses cheveux noirs ondulaient d'eux-mêmes autour de son front et brillaient à la lueur du feu.

Son entrée la prit au dépourvu. Il se surprit dans ses yeux, avant qu'elle ne masque son sentiment de gaieté. Et il vit une jeune fille mélancolique et effrayée dont l'excitation tremblante correspondait à la sienne.

Le verrouillage de la porte derrière lui mit fin au bref instant de révélation. Aussitôt elle tourna vers lui le visage cordial du camarade qu'il connaissait.

"Le dîner est servi", annonça-t-elle joyeusement. "Au moins, il attend dans le four. Nous avons des biscuits chauds, des œufs brouillés, une cinquante-huitième variété de fèves au lard et de la confiture de fraises. Il n'y a pas de viande, parce que vous avez seulement fait vos courses à l'épicerie, monsieur. Êtes-vous vraiment tu adores les huîtres en conserve, Anthony ? »

"Je n'en ai jamais goûté", répondit-il lentement en posant les paquets qu'il avait apportés, sans la quitter des yeux.

"Eh bien, vous en avez acheté six boîtes," elle haussa les épaules.

Il ne fit pas semblant de répondre, cette fois, traversant la pièce vers elle. Il se souvenait qu'elle était une épouse qui, par ses aveux, l'aimait, et qu'il ne lui avait rien donné sauf l'anneau d'or obligé par la coutume ; pas une caresse, pas même une fleur, pour parler de tendresse et de réconfort. Il était étonné de lui-même, consterné par son degré d'absorption égoïste. Toute la journée, elle lui avait fait part de sa compréhension, de sa chaleureuse compagnie, de son tact gracieux et de sa gaieté réconfortante, sans rien exiger — et il l'avait pris. Oh oui, il l'avait pris !

Troublée par son silence, ses couleurs montant en un éclair vif, la jeune fille essaya de se détourner de son approche.

"Il nous faut un petit chat", essaya-t-elle de faire diversion. "J'espère que vous aimez les chatons ? Les ronronnements devraient accompagner des bûches crépitantes. Pas un Angora ou un Persan ; juste une chatte."

Sa voix s'éteignit. Très doucement et fermement, Adriance l'avait prise dans ses bras.

"J'ai pris un mauvais départ", a-t-il avoué gravement. "J'apprends tout ce que j'ai besoin d'apprendre. Et je ne mérite pas la chance que tu m'apprennes."

Elle se reposait tranquillement dans ses bras, comme si elle lui concédait son droit, mais elle ne le regardait pas. Elle était très souple et douce à tenir, trouva-t-il. Il exhalait d'elle un parfum frais et léger, semblable à celui des jonquilles fraîchement cueillies, mais il ne reconnaissait aucun parfum. Elle était individuelle même dans les petites choses. Il se demandait à quoi elle pensait. La montée et la descente inégales de sa poitrine chronométraient curieusement avec le pouls de son cœur, alors qu'elle se penchait là, et ce fait l'affectait déraisonnablement. Il ne voulait pas qu'elle bouge ; la chaleur et le contenu affluaient en lui. Content, pourtant… Soudain, il comprit ; un homme confronté à un éclat de lumière après de longs tâtonnements.

« Elsie ! » » s'écria-t-il, sa voix résonnant dans la pièce, son grand étonnement. "Elsie ! Elsie !"

Elle le regarda alors, posant ses deux petites mains sur sa poitrine et s'appuyant contre son bras pour pouvoir lire son visage. Mais il ne voulait pas qu'il en soit ainsi, la forçant à se soumettre à la merveille qui l'avait dominé. Ce que l'Église avait essayé de faire était désormais accompli. Anthony Adriance avait pris une femme.

"Je t'aime", répéta-t-il, inarticulé, toujours émerveillé, ses lèvres contre sa joue. "Pourquoi ne me l'as-tu pas dit ? Je t'aime."

Il n'a jamais oublié qu'elle l'avait accueilli généreusement, sans rien rappeler de son retard. Elle a accepté sa reddition et n'a fixé aucun prix. Ses lèvres étaient fraîches comme une coupe levée vers sa soif de choses bonnes et simples ; il pensait que son baiser était au toucher ce que ses yeux étaient au regard, et essayait maladroitement de le lui dire.

Lorsqu'ils se souvinrent enfin du souper retardé, ce repas avait besoin d'être réparé. Et comme Adriance ne voulait plus souffrir de la largeur de la pièce qui le séparait de sa femme, il a insisté pour l'aider dans le processus, retardant ainsi encore les choses. Neuf heures avaient été sonnées par l'horloge du coin lorsqu'ils se mirent à table, éclairés par la lampe neuve. Elle avait un abat-jour grenat, cette lampe, sur laquelle son acheteur reçut les compliments de Mme Adriance .

Elle a donné une conférence impromptue sur le sujet, alors que la lumière brillait pleinement et l'illuminait, assise derrière elle.

"Le rouge, monsieur, est la couleur de la vie. C'était la couleur de la rose légendaire des alchimistes, recherchée dans leurs chaudrons mystiques, car si l'image rougeâtre se formait à la surface du breuvage, le liquide bouillonnant était bien le véritable élixir de la jeunesse et l'immortalité. Le rouge est la couleur de l'aube, du coucher du soleil, du coin du feu ; le sang brillant, versé magnifiquement pour une bonne cause ou délicatement aperçu dans le rougissement d'une jeune fille. Le rouge est la robe d'un cardinal, la robe d'une mariée chinoise, la robe d'une mariée espagnole. " fleurs. Être conservé dans une chambre drapée de rouge, à l'époque de la reine Elizabeth, était censé guérir la beauté de la variole sans cicatrice. Enfin, le rouge est la couleur du cœur. "

"'Seigneur, garde le sang de notre cœur rouge'", paraphrasa sobrement Adriance . "Je ne suis pas intelligent comme toi, mais je sais que le rouge est la couleur de tes propres bijoux."

"Le mien?"

Il lui attrapa les mains par-dessus la table.

"As-tu oublié quelles pierres étaient comparées à la valeur d'une bonne femme ? Elsie, Elsie, quand je pourrai, je te donnerai... non pas des diamants ou des perles, mais des rubis. Des rubis, pour ce soir."

Aucun des deux n'était enclin à continuer de parler avec une sentimentalité. Mais le bonheur profond, l'émerveillement brillant qui les éblouis encore trouvèrent leur expression dans les projets de ce nouvel avenir ; de simples suggestions pour le confort de la maison ou le plaisir de leurs loisirs ensemble. Elle mentionna un livre dont on parlait beaucoup et il promit de le lui lire à haute voix.

"J'ai toujours voulu lire à haute voix, mais je n'ai jamais trouvé personne pour m'écouter", lui a-t-il dit, autour de la confiture de fraises et du café. "Vous ne pouvez pas vous échapper, alors——— ! Vous pouvez broder et écouter."

"Broder!" Elle a méprisé ce mot. " Laissez-moi vous informer, monsieur, qu'il y aura des torchons pour les ourlets et des serviettes. Savez-vous que nous n'avons qu'une seule nappe, et qu'elle a une bordure effroyable, avec une frange ? Une frange bleue ? Et il n'y a pas de rideaux à l'entrée. " fenêtres. Broder ? Je vais *coudre* et écouter.

"Eh bien, tant que tu écoutes !" Il alluma un cigare et se pencha luxueusement en arrière. "Quelles petites mains tu as !"

Elle les étala sur la table et les contempla sérieusement.

"La plupart des Sudistes l'ont fait. Vous ne l'avez jamais remarqué, même avec les hommes ? En Louisiane, la plupart d'entre nous ont du sang français ou espagnol. Mais les miens ne sont pas des inactifs, et je pense qu'ils le montrent un peu. ".

Il l'arrêta, avec un soudain souvenir désagréable de certaines mains blanches, cireuses et inutiles qui avaient failli s'emparer de sa vie.

"J'espère que le mien pourra bientôt montrer quelque chose. Demain, j'essaierai de devenir salarié et je commencerai une enveloppe salariale pour vous apporter."

"Si tôt?"

"Tout de suite. Suis-je l'un des riches oisifs ? Le fait est que notre épicier me dit que les chauffeurs sont indispensables dans une certaine usine près du pied de la colline. Je pense que je préfère conduire un camion plutôt que de piloter une voiture particulière, ouvre les portes et touche ma casquette."

Elle acquiesça.

"Oui, bien sûr. De quelle usine s'agit-il, Anthony ?"

Il la regardait avec un humour fantaisiste.

"Eh bien, pour être exact, ce n'est pas une usine qui nous est inconnue. C'est une usine dont vous avez souvent vu l'enseigne du côté aristocratique de l'Hudson, et elle est la propriété de M. Anthony Adriance , senior."

"Oh!" surpris. "Est-ce que c'est... sûr ?"

"Pourquoi pas?" se demanda-t-il. "Nous n'avons enfreint aucune loi, n'est-ce pas ? Le pire qu'il puisse faire, s'il voulait faire quelque chose de mélodramatique, serait de me virer. Mais il ne le fera pas. En premier lieu, pourquoi le ferait-il ? En second lieu, il en sait un peu plus sur les indigènes de Patagonie que sur les hommes qui conduisent ses camions. Je ne crois pas qu'il soit dans cette usine depuis dix ans. New York, c'est sa fin. Et je lui donne un carré accord ; il aura un chauffeur très précieux, Mme Adriance – quelqu'un qui peut conduire une machine de course, si nécessaire ! »

Elle a révélé deux fossettes qu'il n'avait pas observées auparavant. Mais ses yeux se cachèrent du défi et elle se leva précipitamment pour débarrasser la vaisselle.

"Laissez-les debout", ordonna-t-il, comme un homme.

Là, cependant, elle était ferme dans la rébellion. Finalement, ils ont fait un compromis sur son aide.

"Nous devons aussi avoir un chien", décida-t-il, lorsque tout fut à nouveau en ordre. Il regarda la pièce éclairée par le feu d'un air propriétaire. "Celui qui ne mangera pas ton chaton."

"Avec un joli aboiement de chien de garde ?"

"Avec tout ce que tu veux!" Il se tourna brusquement et l'attira à lui. "Elsie, suppose que tu m'as manqué ? Quel pauvre imbécile j'ai été ! Hier soir... Pourquoi ne me l'enlèves-tu pas ? Pourquoi ne me fais-tu pas payer comme je le mérite ?"

Elle sourit avec l'indulgence délicatement moqueuse qu'il apprenait à connaître et à anticiper ; il s'est posé sur sa jeunesse avec une sagesse si pittoresque.

"Peut-être que je le suis, ou que je le ferai."

"Je crois maintenant que je t'ai aimé dès le premier jour. Je sais que je pensais à toi et que je considérais tout du point de vue que je pensais que tu prendrais. Toi" - avec une anxiété soudaine - " tu ne regrettes pas d'être venu avec moi. " , Elsie ? À quoi pensais-tu, tout à l'heure, quand tes yeux se sont assombris ?

"De Holly," répondit-elle simplement. "J'espère que sa nouvelle infirmière jouera avec lui et lui fera des câlins."

"Le bébé?" Sa fidélité le touchait avec un sentiment chaleureux de promesse pour son propre avenir. "Oui, je t'ai pris de lui. Mais nous lui avons laissé son père."

L'allusion apportait une contrainte. Aux mots prononcés, Adriance rougit comme une femme et détourna ses yeux honteux de la jeune fille.

"Tu ne m'as pas pris à Holly," corrigea précipitamment Elsie. "Mme Masterson m'a renvoyé avant-hier soir. De toute façon, je devais y aller aujourd'hui."

"Vous pourquoi?"

Elle hésita.

" Elle est venue à la porte de la crèche pendant que tu me parlais de raconter à Holly l'histoire de Maît'Raoul Galvez. Tu sais, Holly est trop bébé pour entendre des histoires, alors elle a compris que tu voulais dire... d'autres choses. Et il semble qu'une fois vous lui aviez parlé de cette histoire. Elle a établi des liens. Elle m'a accusé de flirter avec ses invités, d'être une personne inappropriée.

« Elsie ! »

"Tout est fini. Cela n'a plus d'importance, maintenant. Mais c'est comme ça que j'ai su qu'elle ne t'avait pas renvoyé. Bien sûr , elle n'a rien dit pour me le dire ; elle est trop intelligente. Mais, tu vois, je savais déjà tellement de choses ; et quand j'ai vu qu'elle était jalouse même que tu me parles... !"

Le silence dura longtemps. Tous deux pensaient à Lucille Masterson. Comme si elle craignait les pensées de l'homme, Elsie s'éloigna du fermoir de son mari, ce mouvement inaperçu pour lui. Ses yeux clairs s'assombrirent de doute, un frisson rampant éteignit leur éclat.

Adriance parla la première, brisant à la fois la pause et la barrière.

« Autrefois, ils devaient être comme ça – comme nous. Elle aurait quitté Fred, l'aurait laissé tomber, pour un nouvel homme ; et elle, sa femme !

Le dégoût était dans sa voix, on se demandait le mépris. Il pressa durement sa propre femme contre lui. Mais Elsie retira ses bras de la prise qui les liait et les serra impulsivement autour de son cou dans sa première caresse offerte.

"Tu pensais *à ça* ?" s'écria-t-elle, farouchement heureuse de son triomphe. "Anthony, tu pensais à ça ?"

Il baissa la tête pour croiser son regard ; debout ensemble, ils se regardèrent dans les yeux.

CHAPITRE VIII

ANDY DES MOTOR-TRUCKS.

L'homme derrière le guichet se pencha en avant pour observer l'homme à l'extérieur. Le gardien de l'entrée principale d' Adriance était la proie d'une double vanité qui maintenait son attention en alerte : il était vaniteux de sa propre position et de sa capacité à juger celle des autres hommes. C'était sa dix-septième année dans la cage de la ferronnerie ornementale, et il y avait introduit son passe-temps dès son premier jour là-bas. Il se plaisait désormais dans les sujets difficiles, qui déconcertaient une inspection occasionnelle.

C'est donc avec un air de certitude ennuyée qu'il classa d'un coup d'œil ce visiteur matinal et se rassit sur son tabouret haut.

"Porte du bureau à droite, monsieur," ordonna-t-il brièvement mais respectueusement. "Mon garçon, il prendra votre carte, monsieur."

"Je comprends qu'on recherche des chauffeurs ici", dit le visiteur, le regard posé posé sur une affiche à cet effet apposée sur le mur le plus proche.

Le portier le regarda fixement.

"Je crois que oui--?"

"Le bureau est-il l'endroit où je dois postuler pour un tel travail ?"

"Service des camions ; tournez à gauche, descendez au sous-sol, M. Ransome", a répondu le concierge dépité, gravement blessé dans son estime de soi. Une erreur aussi flagrante n'avait pas offensé sa fierté depuis des années. Il se tourna sur son siège et tendit son cou mince pour regarder l'étranger s'éloigner allègrement dans la direction indiquée.

"Chauffeur!" il murmura. "Il marche comme si Adriance était son garage privé et qu'il s'en construisait un meilleur au coin de la rue ! J'espère que Ransome le jette dehors !"

Mais certains des camions à moteur avaient un besoin urgent d'hommes et étaient disposés à se montrer plus tolérants. D'ailleurs, sa délicate vanité n'avait pas souffert ce matin-là. Mais il regarda néanmoins le requérant d'assez près.

"Tu as l'habitude de chauffer les voitures particulières, n'est-ce pas ?" » demanda-t-il astucieusement.

"Oui", a admis Adriance .

"Je le pensais ! Où était ta dernière place ?"

"J'ai conduit pour M. Adriance , junior", fut la réponse grave.

L'homme siffla.

"Vous l'avez fait, hein ? Pourquoi vous a-t-il viré ?"

"Il a quitté New York pour l'hiver, sans emmener ses machines."

"Est-ce qu'il vous a donné une référence?"

"Je peux en apporter un demain, ou je peux aller le chercher maintenant, si vous voulez que je commence à travailler tout de suite. Je ne l'ai pas avec moi."

"Pourquoi pas?"

"J'avais oublié que ce serait nécessaire."

C'était inhabituel et provoqua une pause. Ransome étudia son homme et apprécia ce qu'il vit.

"Marié?" il a posé la prochaine question de routine.

"Oui."

"Y a-t-il quelque chose contre vous dans les casiers judiciaires ? Accidents ? Excès de vitesse ?"

"Rien."

"Je vois que tu ne bois pas. Tu connais Jersey ?"

"Pas aussi bien qu'à New York, mais assez bien pour reprendre le reste au fur et à mesure."

"Eh bien, c'est irrégulier, mais nous sommes à court de personnel. Donnez-moi votre numéro de licence pour que je puisse le vérifier. Apportez votre référence demain, et si tout va bien... je vous emmènerai aujourd'hui, en procès. Attendez, je vous donne votre carte.

L'inquisition était passée en toute sécurité. Adriance sourit intérieurement en regardant le surintendant remplir la carte qui lui permettait à contrecœur de gagner son premier salaire. Il était ivre, presque déconcerté par sa propre légèreté. Son corps était encore fatigué et battu après le misérable conflit dont son esprit s'était redressé avec résilience pour se réjouir au soleil. Il aurait pu vaincre aujourd'hui cent mauvaises chances, là où on l'avait mis hier sous le joug.

"Nom?" » fut la demande vive de l'homme qui écrivait.

"Anthony Adriance ."

"Quoi!" La tête du commissaire se releva brusquement. « Pourquoi... quel lien... ? »

« Pauvre parent », classifia froidement Adriance . Il l'avait prévu, mais il n'aurait pas pu supporter l'inconfort furtif et le risque d'un faux nom. "Tous les hommes riches en ont, je suppose."

Son indifférence était parfaitement réalisée. Le surintendant acquiesça.

"Je suppose que oui ; ça devait être bizarre, cependant ! Comment le jeune Adriance vous a-t-il appelé ? Le savait-il ?"

"Oh, oui. 'Andy' est un surnom évasif."

"Très bien, voici votre carte."

M. Ransome regarda le nouvel employé traverser la pièce, avec une réflexion méditative sur l'inutilité de l'ombre du violet sans sa substance confortable ; mais il ne fut pas particulièrement surpris après le premier instant. Peu d'hommes riches s'inquiètent des branches éloignées de leur famille, et les bébés portent souvent leur nom par des parents pleins d'espoir.

A l'autre bout de la salle souterraine où roulaient et sortaient les camions, pilotés par des chauffeurs fatigués et chargés de lourds colis et de balles par des porteurs en sueur, un petit homme en chapeau derby et en manches de chemise commandait. Avec lui, l'affaire se passa encore plus facilement pour l'étranger.

"Quel est ton nom?" » cria-t-il d'une voix aiguë particulièrement plate, à travers le tumulte du poids sourd, des roues qui roulent et des machines haletantes. "Andy ? Eh bien, sortez le numéro trente-cinq. Mike, Mike ! Où est ce... ce Russe ? Tiens, Mike, tu dois y aller avec le numéro trente-cinq. Apportez votre camion pour son chargement et obtenez vos directions du patron là-bas, Andy. Faites votre rapport à votre retour.

Une silhouette énorme se prélassait dans l'espace éclairé électriquement en direction d' Adriance ; Une paire d'yeux marron doux le regardait sous une touffe de cheveux roux.

"Je suppose que tu es nouveau", prononça le lourd accent du Russe Mike ; "Je suppose que je te montre?"

"J'aurais aimé que tu le fasses", Adriance accepta cordialement la gentillesse condescendante. Il trouva le temps de s'émerveiller de la promptitude de son propre sourire depuis la nuit dernière et de la réponse qu'il suscitait de la part de ces étrangers. "Je ne sais pas encore où en trouver trente-cinq, ni qui est le patron."

"Je sais", annonça Mike d'un ton grandiose; "Tu roules avec moi, Andy, je t'apprendrai."

C'est ainsi qu'Andy des camions a commencé ses études.

Un camion à moteur n'est pas une voiture de plaisance très chère. Le service de camionnage d'une grande usine n'est pas non plus professionnel dans sa courtoisie. Tony Adriance a appris beaucoup de choses en séquence haletante. Et il n'avait jamais été autant intéressé par quoi que ce soit dans sa vie, sauf par sa nouvelle épouse. Les hommes n'étaient pas gentils, mais ils étaient joyeux. Ils se criaient dessus gaiement avec leur propre humour. Lorsque Tony a calé son moteur inconnu, il y a eu beaucoup d'esprits grossiers à ses dépens ; mais aussi un voisin sauta pour lancer la machine à sa place, et un autre sauta sur le siège à côté du nouvel homme et lui donna une vingtaine d'indices précieux en une douzaine de phrases laconiques. Lorsqu'il remonta finalement la pente dans la rue, il découvrit que le Russe Mike semblait avoir une carte complète du bord de la rivière Jersey City gravée sur ses renseignements par ailleurs vierges et se révélait un guide aussi efficace dans les rues que dans l'usine. Si les difficultés étaient plus nombreuses que ce que le novice avait prévu et le travail plus dur, ces choses étaient plus que compensées par la camaraderie inattendue qu'il rencontrait.

Toute la journée, au milieu de la pression constante des événements, la pensée de sa femme restait chaleureuse au cœur de son cœur. Son amour n'avait d'égal que son profond émerveillement face à ce qui lui était arrivé. L'exultation d'une évasion réussie était forte en lui ; échapper à des liens répugnants, à des problèmes compliqués, son esprit naturellement simple détestait par-dessus tout la direction des autres. Lui et Elsie étaient seuls car aucune distance autour du monde n'aurait pu les faire. Il en était arrivé à un point de sa vie où il n'était plus un garçon à gouverner, mais un maître à part entière. Un élan de fierté lui avait brûlé le visage lorsqu'il avait répondu « Oui » à la question du commissaire : « Marié ? Décidément, il comptait rester, si possible, dans la maison et l'usine de sa première aventure.

Lors de son premier voyage, il a trouvé un prétexte pour s'arrêter chez une papeterie , où il a rédigé lui-même une recommandation signée par Anthony Adriance , Junior. La ruse l'amusait ; il se retrouva puérilement prêt à s'amuser. Lorsqu'il a ramené le camion du dernier voyage de la journée, il a présenté cette lettre à M. Ransome, qui l'a lue et l'a rendue avec un signe de tête satisfait.

"Très bien, demain à sept heures", dit-il brièvement.

Il souffrait de douleurs dans tous les muscles inhabituels qui se préparaient à travailler quand il gravissait la colline au crépuscule, sa journée de travail terminée. Mais cela ne l'affectait pas plus qu'un garçon lors de son premier jour de camping : cela faisait partie du sport. Parce qu'il apprenait le altruisme, il ressentait plus d'anxiété quant à la façon dont Elsie avait passé la journée. Les tâches ménagères dans ce cottage plutôt primitif étaient différentes de celles de s'occuper de Holly Masterson dans sa luxueuse chambre de bébé rose et or. La trouverait-il découragée, fatiguée, peut-être contrariée ? Il sourit avec audace, confiant dans sa capacité à la caresser avec bonne humeur, mais il se demanda avec inquiétude si son salaire suffirait à embaucher une femme de chambre si Elsie en exigeait une si nécessaire. Il n'était absolument pas habitué à la répartition pratique de l'argent.

Des rideaux neufs recouvraient les fenêtres éclairées de la petite maison rouge. Alors qu'il remontait le ridicule chemin de planches , il aperçut un très petit chaton assis sur le rebord de la fenêtre, à l'intérieur, en train de se laver le visage. Et puis il entendit une voix fraîche et douce chanter le petit air le plus drôle qu'il ait jamais entendu dans son expérience musicale – une grotesque mineure aussi distinctive que la saveur de *la bouillabaisse orléanaise* . Il ouvrit la porte et sa femme se moqua de lui à travers la pièce lumineuse, rouge de chaleur du feu, délicate dans sa robe lavande et son tablier blanc à volants, arrêtée avec une soupière fumante levée dans ses petites mains.

Peut-être avait-elle douté de la façon dont il rentrerait de ce premier jour de travail. Pendant un instant, ils se regardèrent pleinement rassurés ; puis Adriance était de l'autre côté de la pièce.

"Posez-le ou je le renverse !"

"Monsieur, c'est une soupe extraordinaire ! Voulez-vous renverser votre souper ?"

"Oui, pour ça", dit Adriance en embrassant sa bouche douce.

"Anthony, peut-on être *trop* heureux et affronter le destin ?"

"Non."

"Nous pouvons continuer encore et encore, et rien ne se passera !"

"S'il te plaît, mon Dieu!" » dit Tony Adriance avec un respect parfait.

"Ce n'est plus une aventure merveilleuse maintenant ; c'est juste la vie ?"

"Bien sûr. Je dis – j'aimerais que le chauffeur du van puisse me voir maintenant – celui dont je t'ai parlé hier soir."

"Le boucher m'a donné le chaton, Anthony."

" Bien sûr qu'il l'a fait ; n'importe quel homme vous donnerait tout ce qu'il avait. Que chantiez-vous quand je suis entré ? "

"Comment le saurais-je ? Je connais mille morceaux de chansons et mille histoires, et ils entrent et sortent de ma tête. Notre dîner est pourri, M. Adriance ."

"Je t'aime!"

"Je ne t'aime pas!" elle s'est moquée de lui.

Personne à New York n'aurait vraiment reconnu Anthony ou Elsie Adriance dans ces deux enfants qui jouaient ensemble.

"Samedi soir prochain, je veux que tu m'emmènes faire du shopping, s'il te plaît", lui dit-elle alors qu'ils étaient assis pour le dîner.

"Enchanté ; mais pourquoi samedi ?"

" Parce que tu auras alors ton salaire, naturellement. Nous avons besoin de plus de vaisselle, et d'une cocotte, et d'un ruban pour le chaton, et... de milliers de choses. "

"Dois-je avoir suffisamment de richesse ?"

"Beaucoup ; nous allons au magasin à 5-10-20 centimes."

"Je pensais que c'était le prix du mélodrame dans l'East Side."

"Attendez. Vous pourriez même trouver l'événement tragique, si je veux trop d'articles séduisants", le prévint-elle. "Mais ne parlons pas de choses simples, tu ne vas pas me raconter ta journée ?"

"Je le suis. Mais c'était un jour comme n'importe quel autre ouvrier, je suppose ; il ne s'est rien passé."

« Vouliez-vous qu'il se passe quelque chose ? J'imaginais… »

"Tout ce que je veux", dit Tony Adriance avec ferveur, "c'est être laissé seul, avec toi."

CHAPITRE IX

LA CHANCE DANS LA MAISON.

Il ne s'est rien passé. Aucune des expériences traditionnelles habituelles ne les a dépassés dans la petite maison rouge, alors que novembre s'achevait et que décembre arrivait comme un viking vigoureux venu des mers du nord, accompagné de vents violents et de neiges précoces.

En premier lieu, le mariage d'Anthony Adriance , Junior, a échappé en quelque sorte aux journaux sensationnels, comme un thème plaisant. Aucun titre n'annonçait : « Le fils d'un millionnaire épouse une nourrice ». Aucun journaliste n'a découvert la maison des Palissades pour photographier sa petite façade gothique pour les émissions spéciales du dimanche. Adriance avait écrit une lettre d'explication, dans la mesure du possible, à son père. C'était le matin de son mariage, et comme il n'avait donné aucune adresse, naturellement il n'avait reçu aucune réponse. Il n'y a eu aucun reproche ni aucune poursuite.

Adriance n'était pas non plus rongé par de vains regrets. Selon toutes les règles du romantisme et de la raison, il aurait dû souffrir au moins de brèves périodes de lamentation ; au moins ont été touchés par le souvenir de choses abandonnées, mais désirées. Mais il ne ressentait rien de tel. L'indépendance masculine était éveillée en lui et régnait dans une bonne humeur tumultueuse. Avec la bravade triomphante d'un garçon , il affronta le travail froid et dur, se réjouissant de la victoire. Il s'est levé tôt et a allumé le feu d'Elsie avant de lui permettre de se lever, tandis qu'elle s'asseyait pour protester dans le lit à baldaquin alors qu'il la harcelait, l'aimait et la maîtrisait. Il marchait trois kilomètres pour se rendre au travail matin et soir et conduisait son gros camion huit heures par jour. De plus, il a pris du poids sur le régime, et la démarche sautillante d'un homme en formation. Il ne s'en était jamais douté, mais tout son corps avait eu envie de sortir et d'employer ses forces ; La nature l'avait construit pour le travail, pas pour l'oisiveté. L'atmosphère dans laquelle il avait été élevé lui était, par un effet de tempérament, étrangère.

"Je suis un simple vulgaire", a-t-il ri à sa femme un matin alors qu'il commençait à travailler. "Je préférerais conduire un des camions de mon père et rentrer à la maison pour déguster vos côtelettes de porc, plutôt que de flâner autour de sa maison et de dîner avec un homme fort debout derrière ma chaise pour m'éviter la fatigue de mettre du sucre dans mon propre café. Allez-vous manger ce soir quelques-uns de ces joyeux petits beignets aux pommes avec du beurre et de la cannelle dessus ? »

Elle lui fit une grimace alléchante. C'était deux jours avant Noël, et il faisait si froid que ses lèvres et ses joues étaient brûlantes alors qu'elle se tenait sur le pas de la porte.

"Bien sûr que non ; maintenant je sais que tu les veux. Nous aurons de la viande froide. Qu'est-ce que tu vas me donner pour mon bas, Anthony ?"

"Une fourchette à viande froide", répliqua-t-il aussitôt. "Comment savais-tu que je voulais te donner quelque chose ?"

"Je ne l'ai pas fait", lui dit-elle calmement. "Mais je vais te donner quelque chose, alors j'ai pensé que c'était gentil de te le rappeler."

Il se balança facilement par-dessus la balustrade et l'étouffa dans une étreinte faite d'ours par son manteau hirsute.

"L'épouse incomparable du chauffeur ne pleurera pas", la calma-t-il. "Depuis dix jours, son dévoué mari lui a commandé son ventre en rubis. Maintenant, laissez votre Roméo partir, ou son salaire sera réduit samedi prochain."

Elle s'attarda un instant dans ses bras, ses cheveux noirs et brillants pressés contre l'obscurité de son manteau de fourrure bon marché.

"Anthony, ils ne remarquent jamais ton nom, là-bas ? Ils ne t'ont jamais posé de questions à ce sujet ?"

"Bien sûr ! Le premier jour où je suis entré, le surintendant m'a demandé si j'avais un lien de parenté avec M. Adriance . Je lui ai répondu oui, un parent pauvre. C'est vrai, n'est-ce pas ? Il était satisfait, de toute façon. Ils m'appellent Andy, en bas là."

"Andy!" » elle a essayé expérimentalement. "Andy ! Ça se passe plutôt bien."

Ils rirent ensemble, puis il la poussa doucement vers la porte.

« Entrez », dit-il avec son air autoritaire ; la manière qu'Elsie lui avait apprise. "Tu vas attraper un rhume royal ici, et alors que dois-je faire pour mes repas ? Je dois manger si je veux travailler ; en plus, j'aime ma nourriture. Comment as-tu appelé ces gâteaux que nous avons mangés ce matin ?"

"' *Belle cala, tout chaud !* '", a-t-elle entonné le doux cri de rue des heures de petit-déjeuner de la vieille Nouvelle-Orléans, sa voix captant les inflexions pittoresques et séduisantes de ces vendeurs à la peau sombre qui flânaient autrefois dans leurs tournées ensoleillées chargés de paniers parfumés. « Un jour, je vous montrerai ce que j'appelle une ville, monsieur ; si vous m'emmenez ?

"Je t'emmènerai n'importe où, mais je ne te laisserai pas aller jusqu'au prochain coin. Maintenant, rentre et au revoir."

Elle lui obéit jusqu'à se retirer dans l'embrasure chaude de la porte. Là, à l'abri, elle resta pour le regarder dévaler la colline dans le gris matin d'hiver. Il était près de sept heures, mais le soleil n'avait pas encore réchauffé ni doré l'atmosphère. La tristesse régnait, sauf dans le cœur de l'homme et de la femme.

Ils étaient mariés depuis deux mois. Elsie Adriance ferma lentement la porte et se tourna vers la table du petit-déjeuner non débarrassée. Mais bientôt elle laissa la vaisselle qu'elle avait commencé à assembler et se dirigea vers l'une des fenêtres arrière. Là, elle se pencha, regardant là où Anthony n'avait jamais regardé : vers la majesté grise et blanche de New York, de l'autre côté de la rivière parsemée de glace. Elle contemplait la ville, non pas avec défi ou défi, mais avec la gravité constante de celle qui mesure un ennemi.

Deux mois, et la victoire était toujours avec elle ! Pourtant, se prévint-elle, New York l'appellerait sûrement un jour . Elle n'a jamais vraiment pu l'oublier. Elle-même n'était pas sans rappeler une ville se préparant à se défendre , s'accrochant fébrilement à chaque pierre pour construire ses remparts. Comme elle enviait Lucille Masterson pour sa beauté, l'aînée Adriance pour sa richesse, puisque ces possessions auraient pu lier Anthony plus près d'elle ! Elle se rappelait les costumes exquis de Mme Masterson, colorés comme des fleurs et aussi délicieux au toucher ; les parfums coûteux qui parfumaient toutes ses affaires ; la coquetterie étudiée qui la maintenait comme Cléopâtre, jamais coutumière ni fade. Pour s'opposer à tout cela, la femme d'Anthony n'avait que... son foyer. Car elle ne garderait jamais son mari contre sa volonté ; Elsie Adriance n'aurait jamais revendiqué comme droit ce qu'elle avait considéré comme un cadeau.

Le chaton, un nain noir et blanc évoquant un dessin de Coles-Phillips, se frottait avec insistance contre le pied de la jeune fille. Elle ramassa le jouet vivant et blotti sa chaleur velue sous son menton, alors qu'elle se retournait en quête de lait. Elle chassa les pressentiments de son esprit avec une volonté résolue. Il était trop tôt pour penser à ces choses ; Anthony l'aimait, Anthony était content.

Elle n'avait aucune idée de la ferveur avec laquelle Anthony était heureux d'être débarrassé des pensées et des complications gênantes, ni de la reconnaissance avec laquelle le luxe de la paix l'enveloppait et éclipsait le simple luxe physique de l'oisiveté et des dépenses somptueuses. Etant une femme, elle n'accordait pas non plus suffisamment d'importance à sa fierté pour les biens qu'il avait achetés avec son propre travail. Tony Adriance n'avait jamais remarqué le service de table dans la maison de son père ; on l'avait vu renverser tout un plateau de tasses à café translucides serties de fines dentelles d'argenterie, sans un second regard sur la destruction. Mais il connaissait chacun des plats lourds et bon marché que lui et Elsie avaient ajoutés à leur équipement lors des orgies de shopping du samedi soir dans un magasin à cinq cents. Je les connaissais et je les admirais ! Quand Elsie appelait de son « coin cuisine » ; "Apportez-moi le plateau Niagara, chérie", il put localiser cette atrocité en céramique d'un seul coup d'œil. Et lorsqu'il laissa tomber l'assiette à pain de Whistler – elle présentait en son centre un effet de paysage nocturne bordé de noir – il fut véritablement attristé. En effet, c'est lui qui choisissait leur porcelaine, le goût d'Elsie étant enclin à une simplicité qu'il refusait comme monotone. Il n'avait jamais réalisé le plaisir d'acheter jusqu'à ce qu'il aille faire du shopping avec sa femme, choisisse avec elle, l'écarte ou lui donne quelques fantaisies, puis retire son salaire nouvellement reçu et paye, magnifiquement.

Il n'aurait pas pu expliquer ses émotions à Elsie. Mais son franc plaisir pour ces expéditions lui revint à la mémoire, alors qu'elle versait le lait du chaton dans une soucoupe émaillée de myosotis bleus. Elle leva la tête et regarda de nouveau vers la ville lointaine ; mais cette fois, elle sourit avec un certain triomphe. C'était son mari; Mieux encore, il était son compagnon de jeu avec autant d'enthousiasme que n'importe quel garçon solitaire qui trouve pour la première fois un copain. Elle savait que Lucille Masterson ne possédait pas l'art de la camaraderie parmi ses talents ; c'était un art trop altruiste.

"Quand il commencera à se lasser de jouer de cette façon", s'adressa-t-elle à moitié inconsciemment au chaton, "nous trouverons autre chose. Il y aura toujours quelque chose à quoi nous penserons ensemble. Cela viendra quand nous en aurons besoin. Peut-être ———"

Arrêtée, sa respiration a manqué d'élocution. C'était comme si ses propres paroles avaient ouvert une porte devant laquelle elle vacillait, les yeux éblouis par le soleil, apercevant pourtant un vaste horizon.

Apaisé par son voisinage silencieux, le chaton finit de laper son lait et s'endormit contre sa jupe. Mais la jeune fille resta longtemps immobile, apaisant son cœur qui lui semblait se remplir comme une coupe posée sous une fontaine claire.

Plus tard dans la journée, un garçon apporta des couronnes et des branches de houx à la porte. Elsie achetait imprudemment, alors Adriance rentrait ce soir-là dans une maison de Noël gaie avec du rouge et du vert, épicée du parfum de cannelle des beignets aux pommes, et tenant une maîtresse qui lui montrait un visage de Noël joyeux et content.

"Je ne pouvais pas attendre deux jours", lui expliqua-t-elle. "Nous allons commencer maintenant et y progresser progressivement."

Mais après tout, le matin de Noël a été une surprise et a permis de vaincre définitivement les doutes et les pressentiments qui les ont tenus hors de vue pendant de nombreuses journées. Car, embrassant sa femme pour la réveiller à l'aube, Anthony fit son cadeau le premier, devançant le sien.

"Tu n'as jamais eu de bague de fiançailles", lui rappela-t-il. " Il va falloir que je fasse un formidable disque en tant que mari pour oublier mes erreurs de fiancé ! Tiens, laisse-moi te le raconter. Quelles astucieuses fossettes tu as dans les doigts ! Je les ai remarquées dès notre première nuit ici. , souviens-toi?"

Elle pleurait franchement dans sa grande surprise et sa joie passionnée en pensant à elle. C'était vraiment une bague spectaculaire et brillait courageusement aux premières lueurs du jour ; un ovale de pierres rouge foncé comme un bouclier placé au-dessus de son alliance.

"Ce ne sont que des grenats," réprima-t-il sa protestation extravagante. "Mais ils sont couleur rubis, et c'est leur promesse. Ne... s'il vous plaît, ne le faites pas ! Viens, qu'est-ce que tu as pour moi ? Abandonne-toi."

La diversion a réussi. Riant avant que ses yeux ne soient secs, elle répondit :

" Il est dans le coffre à bois. J'ai dû le garder dans la maison où il faisait chaud, et j'avais tellement peur que vous l'entendiez et gâchiez la surprise. Mais il a été aussi bon que possible ; il n'a jamais dit un mot. Ouvre le couvercle, chérie."

"Il?" répéta son mari. "Lui?"

La caisse à bois le livra ; un petit chiot jovial aux pattes bandées.

"C'est *presque* un taureau de Boston", expliqua consciencieusement Elsie. "S'il en avait été un, je n'aurais pas pu me permettre de l'acheter. Mais c'est un amour. Anthony, c'est le chien de garde, tu sais."

Trouvant les deux visages à portée de main, alors qu'il se tenait au bras d'Anthony, le chiot les lécha avec une impartialité affectueuse.

CHAPITRE X

MME MASTERSON PREND LE THÉ

C'était le lendemain de Noël qu'Adriance fut envoyé à New York avec son camion, pour la première fois depuis qu'il était devenu pilote de cet énorme véhicule. Sa destination était Brooklyn, de sorte qu'il avait toute la ville à traverser, et les lumières commençaient à scintiller ici et là dans la grisaille du court après-midi d'hiver lorsqu'il rentrait chez lui.

L'expérience n'avait pas été sans intérêt nouveau. La circulation des fêtes envahissait les rues ; les agents de la circulation, fatigués et glacés par un vent d'est mordant, n'ont pas été patients. Adriance choisit la Cinquième Avenue pour son itinéraire vers le centre-ville, avec le naturel d'une longue habitude, sans réfléchir à la plus grande liberté de déplacement qu'il aurait trouvée dans l'une des rues sombres habituellement empruntées par des véhicules comme le sien. Cependant, les difficultés l'exaltaient. Andy du camion ne pouvait s'empêcher de se demander comment le policier qui lui avait brutalement ordonné de s'éloigner de l'entrée du parc aurait pu formuler cette demande s'il avait su que l'intrus était Tony Adriance , "du papier, vous savez!" Peut-être, à cause de cet émerveillement, son sourire joyeux a attiré un sourire amer de la part de l'officier.

"Tu ne sais pas que tu n'as pas de limousine là-bas ? Tu viens des bois ?" vint le sarcasme pas méchant.

"Pire que ça : de Jersey", rétorqua Adriance . "Très bien, je suis désolé."

« Des rues simples pour vous ; autour du cercle », était la direction, qui impliquait également une libération.

"Merci", cria Adriance en guise de remerciement, alors qu'il obéissait.

La silhouette massive à côté du chauffeur remua.

"Vous avez du culot", commenta l'homme, sa voix lente et lourde teintée d'admiration. "J'ai vu des gars moins se faire tirer dessus, Andy."

Adriance rit. Lui et son grand assistant étaient de très bons amis, après des semaines passées à partager le siège du camion. Le chauffeur paraissait un adolescent en comparaison avec l'homme allongé à côté de lui, les bras énormes croisés sur une poitrine épaisse. « Mike », comme l'appelaient ses collègues, était un paysan russe. Son éducation dans un bidonville de Hoboken avait fixé son patriotisme et son langage, mais avait laissé à son physique celui de son héritage. Sa tête jaune rougeâtre était posée sur un cou massif dont la base de sa chemise ouverte montrait qu'elle était recouverte d'une pousse de poils rouges s'étendant jusqu'à sa poitrine. Ses traits larges et ses yeux doux et lents, son discours lourd et placide étaient absurdement étrangers au langage familier qu'il parlait. Adriance savait que son assistant était un employé de l'usine depuis dix ans, mais il ne savait pas que Mike était toujours affecté à un nouveau chauffeur jusqu'à ce que l'étranger se montre digne de confiance. Mike était ennuyeux, mais il était résolument honnête. Les boîtes ou colis de valeur n'ont pas été déclarés « perdus » dans les camions dont il avait la garde. Adriance n'avait aucune idée du fait que « le Russe Mike » avait en réalité déterminé la permanence de sa position dans la grande usine de son père.

"Si je ne peux pas traverser le Parc, je retournerai sur l'avenue", a déclaré Adriance , une fois le tournant négocié. "Je veux la gaieté, Michael, la gaieté du boulevard ! A quatre heures sur la Cinquième Avenue, un pauvre ouvrier sera-t-il privé de la vue ? Il est vrai que nous sommes trop loin du centre-ville, mais le principe est le même. Vous êtes d'accord avec moi ? "

"Ce n'est pas rien pour moi, » affirma le magnifique gardien, changeant de position avec un mouvement indolent qui gonfla les muscles sous sa chemise de flanelle jusqu'à ce que le tissu se tende. Son regard vers son compagnon était légèrement indulgent.

"Bien sûr que non. Mais ce sera le cas la prochaine fois, c'est-à-dire si vous ne mourez pas d'une pneumonie après avoir fait ce trajet avec votre manteau grand ouvert. L'appréciation grandira sur vous. Que pensez-vous de cette fille en gris, en la limousine ? Jolie ? J'allais à l'école avec elle, Michael, à l'école de danse."

Les yeux bruns slaves devinrent humoristiques.

"C'est un fait", Adriance répondit à l'incrédulité. "Et maintenant, elle ne me reconnaît plus ; et aucun de nous ne s'en soucie."

La main levée d'un autre agent de la circulation a arrêté les longues files de véhicules. À trois profondeurs du trottoir de chaque côté, de sorte que la rue était solidement remplie, des automobiles, des voitures, des bus verts et jaunes et des voitures de livraison ornées s'arrêtaient en une masse serrée et ordonnée. Le camion d'Adriance se trouvait à côté du trottoir, conformément à la règle relative aux véhicules lents. Alors que sa voix rieuse répondait à Mike, le ton élevé pour faire passer le rugissement du son autour d'eux, une femme qui avait émergé de l'un des magasins s'arrêta brusquement. Son regard parcourut les rangées, pour se poser sur Adriance avec une attention empressée. Un instant plus tard, l'homme sursauta au son de son propre nom prononcé à côté de lui.

"Comment vas-tu, Tony. Et tu n'es pas... plutôt à ta place ?"

Momentanément muet, il baissa les yeux vers les grands yeux froids de Lucille Masterson. Elle ne sourit pas, mais regarda son regard avec un calme qui faisait de son embarras un défaut. Sur la fourrure blanche de son étole était attaché un nœud de pois de senteur roses et blancs ; à côté d'eux, son visage apparaissait aussi doucement teinté et artificiellement posé que les fleurs. À côté du volant de l' énorme camion, elle paraissait plus petite et plus fragile que dans le souvenir d' Adriance . Sans la moindre raison, il se sentait coupable d'être surpris par elle. Il avait toutes les sensations d'un déserteur confronté à un abandonné sans cœur.

"Tu ne vas pas me parler ?" » demanda-t-elle alors qu'il restait sans voix. "Tu m'as manqué, Tony."

Il se réveilla précipitamment.

"Bien sûr ! Je veux dire… tu es très gentil. Je… nous étions hors de la ville."

dans quelle idiotie totale il trébuchait, il se retint. Le courant de circulation reprenait sa route, laissant sa machine bloquée contre le trottoir ; fixé, pour ainsi dire, par la main gantée de blanc que Mme Masterson avait posée sur le volant.

Sans prêter attention à son incohérence, elle regarda une petite montre à son poignet, à moitié cachée par sa large manche fourrée. Avec son mouvement, une dérive de parfum flottait sur l'air épais de la ville.

"Je veux que tu m'emmènes prendre le thé", annonça-t-elle avec son impératif habituel. "J'ai des choses à te dire. Laisse ton homme ramener ta voiture à la maison."

Malgré son exaspération, Adriance rit. Il était conscient de l'admiration fixe que le grand homme à côté de lui portait à la belle femme ; il avait entendu l'haleine gourmande avec laquelle l'autre absorbait le parfum secoué par sa délicatesse, et devinait l'effet de *l'Essence Enivrante* sur des narines incultes. Mais il n'imaginait pas pour autant le Russe Mike obéir à l'ordre proposé.

"Vous voyez, ce n'est pas mon homme," s'excusa-t-il. "Merci beaucoup, mais ce n'est pas possible."

"Alors laisse-le t'attendre. Vraiment, Tony, je pense que tu me dois un peu de courtoisie."

Adriance rougit avant la réprimande. Il n'avait jamais revu Lucille Masterson depuis ces adieux difficiles de leur dernière querelle. Il l'avait quittée pour épouser une autre femme dans les trente-six heures suivantes. Il avait toujours été au plus faible avec Mme Masterson ; il retomba maintenant dans sa vieille erreur de temporisation.

"Je ne suis pas habillé pour un salon de thé", a-t-il déprécié. "Sinon, je devrais être ravi."

Ses yeux brillaient. Saisissant la légère concession, elle se pencha vers l'assistante d'Adriance avec son sourire éclatant et arrogant.

"Vous allez surveiller la voiture de M. Adriance , juste quelques instants, n'est-ce pas ?" elle a fait appel. "J'ai quelque chose d'important à lui dire. Je lui serais très reconnaissant."

La main gantée de blanc glissa en avant et laissa un billet de banque dans le poing poilu. Abasourdi, Mike leva vaguement sa casquette en guise de salut, regardant toujours la femme. Ni l'argent ni la beauté n'auraient pu l'attirer vers un véritable manquement à son devoir, mais c'était le dernier voyage de la journée et le camion était vide. Cela n'aurait pas d'importance si le retour était retardé d'une demi-heure ; un ferry en retard pourrait perdre beaucoup de temps. De plus, il était non seulement disposé, mais impatient de rendre service à Andy, et l'addition dans sa pochette lui assurait un samedi soir glorieux.

"Bien sûr," marmonna-t-il, avec un sourire de timidité comme celui d'un enfant colossal .

"Viens, Tony", ordonna Mme Masterson.

Parce qu'il ne voyait rien d'autre à faire, Tony se laissa tomber à contrecœur sur le trottoir à côté d'elle.

"Je ne peux rester qu'un mot", essaya-t-il de se révolter. "Cela ne vaut guère la peine d'aller quelque part. Il faudrait qu'on trouve un endroit où ces vêtements passeraient et où personne ne nous connaît."

"Au contraire ! Il faut aller là où vous êtes si connu que votre tenue vestimentaire n'a pas d'importance", le contredit-elle. "Le salon de thé Elizabeth est juste ici, et nous y allions souvent."

Il ne voit aucune objection à cette proposition. Bientôt, il se retrouva à suivre son ravisseur dans le joli salon de thé jaune et blanc.

Comme l'Elizabeth affectait une ambiance anglaise et n'avait pas adopté le *thé dansant* , la salle n'était pas pleine. La serveuse à la robe pittoresque les accueillit avec un murmure de reconnaissance et les conduisit à une table sans un regard sur la tenue vestimentaire du chauffeur. Mme Masterson a commandé quelque chose ; un ordre qu'Adriance appuya sans l'avoir entendu. Il retrouvait son calme et s'émerveillait non moins de lui-même d'être venu ici que de Lucille de l'avoir amené. Que pourraient-ils avoir à se dire, maintenant ? La chaleur parfumée de la pièce lui fit prendre conscience du froid dans lequel il avait laissé Mike attendre, et il fut pincé de remords.

C'était une conséquence de son éducation parmi des gens qui n'avaient jamais considéré l'étroitesse des conventions qu'ils appelaient la classe moyenne, qu'Adriance n'avait aucun sentiment de déloyauté envers Elsie ou Fred Masterson en étant ici. Au contraire, la connaissance de son mariage lui aurait permis d'accueillir franchement l'un ou l'autre des deux, s'ils avaient eu la chance d'entrer et de le trouver. C'était comme si sa position assurée chaperonnait la situation. Mais, véritablement masculin, puisqu'il n'aimait plus Lucille Masterson , il détestait être avec elle. Il n'aimait pas le malaise aigu qu'il ressentait en sa présence.

Elle ôtait ses gants avec une lenteur qui l'irritait comme une affectation ; il trouvait la perfection artificielle de ses mains hideuse comme une cire. Ils n'étaient pas vraiment de bonne forme, ni petits, mais simplement blanchis très blancs et manucurés pour donner une illusion scintillante. Et il vit avec dégoût qu'elle portait une bague qu'il lui avait offerte autrefois parce qu'elle lui avait fait comprendre que ce cadeau coûteux était attendu. Il savait qu'elle avait menti à son mari quant au donneur ; "Tony" avait été surpris et à moitié réveillé de son contenu flou par cette découverte à l'époque. Maintenant, il regardait la grosse perle sertie de diamants et se rappelait les modestes grenats qu'il avait offerts à Elsie.

"Je suis désolé, mais je ne dois pas rester longtemps", a-t-il déclaré. "Vous avez parlé de quelque chose d'important à discuter."

"Ai-je?"

"Certainement!"

Elle l'étudiait avec une curiosité ouverte.

"Tu veux retourner dans ce chariot avec ce gorille d'homme ?"

"Oui."

"Es-tu toujours très marié, Tony ?" » demanda-t-elle avec méchanceté.

Ses yeux brillèrent, puis se glacerent. Son manque de finesse l'avait conduite à une dernière erreur.

"Vous oubliez que ma femme est une femme démodée. Je suis toujours marié et heureux", a-t-il rétorqué.

"Comme c'est romantique!"

"Très."

" Pourtant, deux mois, ou est-ce trois ? Même Fred et moi avons duré aussi longtemps. Cela ne te dérangera pas que je dise que tu es un peu inconstant, Tony. Que feras-tu quand tu t'ennuieras ? Ou crois-tu que tu n'as jamais Elsie doit avoir des ressources que je ne soupçonnais pas. Est-ce qu'elle vous raconte l'histoire de... Monsieur Raoul, n'est-ce pas ?

"Elle en a d'autres plus agréables. Avec Mme Adriance, l'ennui n'est pas possible", déclara-t-il en contrôlant sa colère. Mais il se sentait maladroit et inadéquat.

La petite serveuse pittoresque était à côté de lui et s'acquittait de son devoir de service avec une lenteur et une précision exaspérantes. C'était une jolie fille, vêtue d'une robe jaune beurre, d'une casquette et d'un tablier blancs à volants. Adriance prit conscience de ses mains noircies par le travail, d'un collier qui montrait la poussière accumulée pendant une journée, et d'autres signes qui le différenciaient des habituels clients oisifs et délicats de cet endroit.

"Vous *êtes* un peu minable", corrobora Mme Masterson en l'observant avec une acuité furtive. Elle s'autorisa un sourire ironique. "Ne penses-tu pas qu'il est temps de rentrer chez toi et de te changer ?"

Il devinait dans le discours un sous-entendu, un *double sens* qu'il ne comprenait pas, mais qui le mettait en colère. Il se demandait si elle l'avait amené ici dans le but de forcer ce contraste entre sa vie présente et son passé, et ainsi de le souiller de mécontentement, voire de regret à l'égard de son mariage. Si c'était le cas, elle avait échoué. Il se contenta de lui infliger son humiliation et trouva sa beauté gâchée par sa méchanceté.

"Je serai à la maison dans une heure", dit-il. « Et bien sûr , j'ai hâte d'être là, alors vous me pardonnerez de vous rappeler tout ce dont nous devons discuter.

"Oh bien sûr." Elle s'arrêta jusqu'à ce que leur préposé s'éloigne par une porte battante. « Tu es tout à fait guéri de moi, n'est-ce pas, Tony ? Ne te soucie pas de nier poliment, s'il te plaît. Mais c'est une chance que personne ne nous connaisse vraiment – je suppose que tu ne l'as pas dit ?

« Mme Masterson ! »

Elle fit taire sa protestation, riant devant la gerbe de pois de senteur qu'elle avait soulevée contre ses lèvres rouges et lisses.

"Très bien, très bien ! Mais promets que tu ne le feras jamais. Promis, Tony."

"Ce n'est pas nécessaire", répondit-il avec raideur. "Mais si tu le penses, je te donne ma parole."

"Ne jamais dire que j'ai pensé à t'épouser, quoi qu'il arrive ?"

"Oui."

Elle laissa tomber les pois de senteur et resta assise en silence pendant un moment, son regard fixé sur lui. Aucun des deux ne fit la moindre prétention de verser le thé refroidi dans les minuscules pots situés entre eux, ni de goûter les sandwichs et les gâteaux miniatures. Des mois plus tard, Adriance allait apprendre quelque chose des pensées de Lucille Masterson pendant cet intervalle. Il pensait lui-même au Russe Mike qui attendait dans le camion et au fait qu'il rentrerait si tard à la maison qu'Elsie pourrait s'inquiéter. Il avait voulu s'arrêter dans un magasin pour acheter un collier bouledogue jouet pour son chiot de Noël, mais cela doit maintenant être reporté. Il était étonné et infiniment en colère contre lui-même d'avoir cédé si facilement au caprice de Lucille de l'amener ici.

Inconsciemment, il la regarda avec une impatience ouverte. Elle répondit aussitôt en haussant les épaules.

"Vas-y, bien sûr. Je t'en prie, vas-y, Tony. Est-ce que je te garde ? Je ne suis pas le genre de femme qui pleure, tu sais. N'oublie pas que notre épisode est non seulement fermé, mais verrouillé, lorsque nous nous reverrons. Bien- au revoir."

"Et la communication importante que je devais entendre ?"

"J'ai oublié ce que je voulais dire. Au revoir, Tony."

Intrigué et en colère, il se leva, laissant sur la table le double du montant du chèque, qu'il n'avait pas regardé. Mme Masterson hocha la tête en signe de reconnaissance pour son sinistre salut. Ses yeux avaient un air de triomphe, et alors que la fille en jaune le faisait sortir, Adriance vit l'autre se tourner avec appétit vers les sandwichs et le thé.

Le vent d'est était devenu plus fort et son courant était épais de particules de neige tourbillonnantes. L'obscurité était venue avec la tempête, transformant le crépuscule en nuit. Adriance frissonna et boutonna son manteau de fourrure bon marché alors qu'il se précipitait sur le trottoir mouillé et brillant. Mike se réveilla avec un grognement lorsque le chauffeur s'installa sur le siège à côté de lui.

"C'est bien, madame, Andy !" commenta-t-il, regardant avec une grande curiosité l'homme qui poussait l'accélérateur et l'étincelle. "Je suppose que tu es peut-être une chouette aussi, comme une série de films que j'ai vue une fois ?"

Adriance redescendit pour avancer et lancer le moteur. Il commençait à entrevoir les complications possibles si Mike racontait cette aventure entre ses camarades. Il se demandait aussi si Lucille avait remarqué le nom sur le camion. Dans l'ensemble, il était d'humeur suffisamment vicieuse pour mentir, et il l'a fait.

"Non", affirma-t-il catégoriquement après avoir regagné sa place. "Ne sois pas idiot, Mike. J'étais employé par cette dame."

"Conduire son automobile ?"

"Oui."

L'explication a été acceptée comme satisfaisante. Une connaissance intime de l'étiquette des relations sexuelles entre maîtresse et chauffeur ne faisait pas partie des réalisations de l'examinateur. Mais l'incident plaisait à Mike comme étant romantique, et pour lui, la romance provenait d'une seule source.

"Elle ressemble à l'une de ces actrices de cinéma", affirma-t-il en croisant confortablement ses énormes bras sur sa poitrine. "Je suppose que c'est le cas, peut-être ? J'ai vu des reines comme elle, là-bas."

"C'est une bonne façon de les voir, s'ils sont comme elle", observa tristement Adriance . Il rit malgré le dépit. "Mieux vaut s'en tenir aux filles du cinéma, Michael ; c'est plus sûr ! Maintenant, arrête de me parler ; si cette brute de camion fait un écart d'un pouce dans cette neige fondante, une jolie voiture va avoir l'impression qu'un éléphant a marché dessus."

Mais la malchance de cette journée était passée. Ils firent un voyage rapide vers le centre-ville et vinrent de prendre un ferry sur le point de partir.

Après tout, ils ne devaient pas être en retard notable. Et comme il n'y aurait pas besoin d'explication, Adriance pensa qu'il ne pourrait pas raconter à Elsie l'histoire de sa déconfiture. Il avait profondément honte du mauvais rôle que Lucille Masterson lui avait fait jouer. Elle l'avait sifflé jusqu'au bout, et il était venu avec la douceur des gens bien dressés. Elle s'était amusée avec lui aussi longtemps qu'elle le voulait, puis l'avait renvoyé, humiliée et impuissante. Il ne voulait pas qu'Elsie imagine son mari dans cette situation, ni qu'il soit toujours incapable de dire non à Mme Masterson.

Au moment où il avait gravi la longue colline à travers une violente tempête de neige, il était complètement glacé et dégoûté de lui-même, désirant seulement un abri et la paix. Tous deux le rencontrèrent lorsqu'il poussa la porte de sa maison et entra dans la pièce chaleureuse et lumineuse. Lorsque la porte se referma derrière lui, il ferma définitivement dehors l'image de Lucille Masterson.

Avec un peu de précipitation, Elsie vint à sa rencontre, levant son visage chaud et rose pour son baiser. Le chiot se précipita sur le sol, poussant des cris de salut saccadés.

"J'ai nommé notre maison", annonça joyeusement la jeune fille. "Vous savez, nous avons nommé tout le reste. Vous n'aimez pas Alaric Cottage ?"

"J'aime l'intérieur ce soir, d'accord. Mais pourquoi Alaric ?"

"Parce que c'est si gothique, bien sûr. Vous devez apprécier notre porche, Anthony. Oh, vous *êtes* mouillé et froid ! Dépêchez-vous de changer vos affaires - je les ai toutes disposées - et je vous nourrirai, monsieur. "

donc passée à l'époque et fut oubliée.

CHAPITRE XI

LE FOYER LUMINEUX

Baptisé Noel, en l'honneur du jour de son arrivée, le chiot s'est épanoui et a grandi jusqu'à devenir un jeune chien dans une atmosphère familiale de contentement serein. De Noël à Pâques, les journées s'écoulaient dans un courant de temps serein. Jour après jour, Anthony et Elsie Adriance sont devenus une compagnie plus étroite et plus complète. L'hiver fut dur et long, mais jamais ennuyeux pour eux.

L'HIVER A ÉTÉ DUR ET LONG, MAIS JAMAIS ENNUYANT POUR EUX

Ils ont trouvé tellement de choses à faire. En échange de sa lecture, Elsie éteignait parfois la lampe et, à la lumière vacillante du feu, lui racontait des légendes pittoresques et grotesques de la tradition créole et nègre. Ses accents doux tombaient naturellement dans le pâtois ; elle était une imitatrice née et intercalait des fragments de chants plaintifs, anciens comme la tragédie de l'esclavage ou le roman d'une France pré-napoléonienne. Sa voix pouvait être somnolente comme le soleil sur un lagon immobile, ou instinctivement vivante comme le son du pas d'un régiment en marche.

Elle lui apprit également à jouer aux échecs, avec un merveilleux ensemble d'hommes en jade et en ivoire fabriqués à partir de ses quelques biens.

« Savez-vous que cela doit être extrêmement précieux ? S'exclama Adriance la première fois qu'il les vit.

"Je sais qu'ils sont très vieux", se moqua-t-elle de son sérieux. "Et je ne les vendrais pas, donc le reste n'a pas d'importance."

"Parle-moi d'eux."

"Il n'y a rien de très précis à dire." Elle le regarda de travers, du coin d'un œil rieur. "Pouvez-vous supporter le choc d'apprendre qu'un des ancêtres de votre femme était soupçonné d'entretenir des relations secrètes avec le fameux LaFitte ?"

"Qui était-il?"

" LaFitte était un pirate et un flibustier, monsieur, qui avait un bastion au large de la Nouvelle-Orléans, là où l'embouchure du Mississippi s'élargit dans le golfe. De nombreux navires lui payèrent le péage, de nombreuses prises curieuses tombèrent entre ses mains avides ; et on murmura que certaines de ces choses étranges et étrangères apparaissaient mystérieusement dans la maison de Martin Galvez. On entendait des nègres parler, le souffle coupé et les yeux roulants, d'un sloop aux voiles rapides, à la coque noire et gréé de toile noire, de lignes et de tout. " Il remonta la rivière à minuit et redescendit avant l'aube, au-delà de toutes les défenses , disaient-ils - et son point d'atterrissage était le quai du colonel Galvez, à dix milles au-dessus de la ville. Personne n'en a jamais su plus qu'une rumeur qui courait sans trace comme celle du sloop noir. Mais on disait que les pièces d'échecs en ivoire et en jade avaient voyagé par ce métier, tout comme le collier de perles roses de l'arrière-arrière-grand-mère qui est peint autour de son cou dans son portrait. Son mari riait bruyamment et souvent des histoires , invitant tous ceux qui le souhaitaient à surveiller son quai entre le coucher et le lever du soleil, n'importe quelle nuit. Les pièces d'échecs, déclara-t-il, lui furent présentées par un prince du Caire, que ses ennemis l'avaient livré entre les mains d'un marchand d'esclaves. La peau foncée du noble égyptien et son ignorance du langage occidental avaient fait de lui une victime impuissante ; il a fait face à la dégradation finale du fouet lorsque le colonel Galvez l'a vu et l'a secouru. Sa gratitude a envoyé les jolis jouets. Quant aux perles roses, elles venaient de Vienne, par achat licite. C'est du moins ce que le digne colonel aimait à raconter, avec des détails convaincants, sur ses incomparables vins français et ses cigares de La Havane.

" Mais qu'était-ce que la vérité ? Laquelle, je veux dire ? " » il a interrogé.

Elle ferma les yeux en un drôle de déni.

"Comment le saurais-je ? Les perles roses ont disparu avant que Joséphine Galvez n'épouse Fairfax Murray, il y a soixante ans. Les pièces d'échecs sont stupides. Mais je connais encore beaucoup de vieux jouets d'outre-mer, autour de notre maison. Rien de grande valeur ! Nous sommes aussi pauvres comme des souris ecclésiastiques ; la richesse familiale s'est enfuie il y a longtemps au vent sur les voiles noires de la malchance. Oui, les Murray tenaient généralement de pauvres mains aux cartes. Allez-vous jouer en premier, ou dois-je le faire ? »

"Toi", a-t-il invité. Il la regarda avec curiosité. "Pourquoi ne m'as-tu pas dit avant que tu étais une princesse déguisée ? Je n'ai jamais su que tu avais un ancêtre enregistré, et ici tu en as un cortège. Tu es une drôle de fille."

Si tu ne m'aimes pas , pourquoi tu, pourquoi tu, *pourquoi* restes-tu là ?

Elle lui chanta le vers très moderne avec une moquerie tout à fait alléchante ; et il bouleversa tout l'échiquier en lui répondant correctement.

Petit à petit, il apprit beaucoup de choses sur sa maison ; qui, découvrit-il, avait été autrefois la véritable demeure du pointilleux Maît ' Raoul Galvez à la mémoire surprenante. Il fit la connaissance de ses parents et de ses sœurs, tandis qu'Elsie lui présentait un simulacre vivant de chacune d'elles grâce à ses arts de description et de mimétisme semblables à ceux d'un magicien. Il y avait cinq sœurs, semble-t-il : Lee, Roberta, Virginia, Clotilda et Nicolette.

"Mère a nommé les trois premiers d'entre nous et papa les trois derniers", a-t-elle expliqué. "N'a-t -il pas eu raison d'attendre si longtemps ? Mère est jusqu'à présent une rebelle confédérée, tandis que papa soutient totalement le Nord et est un explorateur professionnel de l'histoire romantique."

"'Elsie' n'est pas historique", a-t-il objecté, très détourné.

"Oh, mon véritable nom est Elcise ; je viens avant Clotilda et Nicolette. Mais mon grand-père a insisté pour m'appeler Elsie tant qu'il a vécu, aussi, par déférence envers lui, la première intention a été abandonnée. Le pauvre papa a perdu un de ses tours, après Mais cela s'est très bien passé ! Elsie est plus pratique et je suis le membre le plus pratique de tout le cercle familial.

"Vraiment?"

"Eh bien, certainement ! Lee a épousé un poète dramatique, qui est également rédacteur en chef d'un journal", rétorqua-t-elle à son incrédulité. "Et celui qui laisse interférer ses deux vocations ! Roberta est fiancée à un officier de l'armée depuis cinq ans. Il est en poste aux Philippines, où elle doit le rejoindre et vivre avec lui dans une jungle chaque fois qu'il sera suffisamment promu. se marier. Virginie est une beauté, qui a tout le collège plein de jeunes hommes qui vibrent autour de notre maison ; et elle déclare qu'elle entrera au couvent à vingt-cinq ans. Clotilde et Nicolette sont des jumelles de onze ans. Elles J'ai encore bien le temps de faire n'importe quoi, voyez-vous. Nous étions tous parfaitement heureux comme nous l'étions, mais il devenait vraiment nécessaire que quelqu'un relève papa, ne serait-ce qu'en subvenant à ses besoins et en laissant davantage aux autres. Alors j'ai commencé et je suis parti. en tant que secrétaire particulier et compagnon de la vieille dame dont je vous ai parlé. N'était-ce pas pratique ? Bien sûr, le mari de Lee la soutient, en général.

"Mais au printemps où je suis parti, papa l'avait exhorté à démissionner du journal et à rentrer à la maison pendant six mois pour écrire un drame poétique qui les enthousiasmait tous les deux. Personne ne s'attend à ce que cela rapporte beaucoup d'argent, mais, comme Papa a dit, nous en avons toujours eu assez pour une simplicité digne, et cela devrait être notre devoir ainsi que notre gloire d'aider le mari de Lee à devenir célèbre.

"Le mari d'Elsie compte la soutenir tout le temps."

"Oh, je t'ai dit qu'Elsie était pratique. Elle s'est mariée raisonnablement."

« Devrais-tu l'appeler ainsi ? » sans doute.

"Son mari est plutôt gentil avec elle, tu sais."

"Eh bien, il est toujours amoureux. Quand cela s'estompera à mesure qu'elle en aura assez de le nourrir et qu'elle sera de mauvaise humeur…?"

Ils se moquèrent de l'autre côté de la cheminée. Mais Adriance devint bientôt sérieuse.

"Elsie, je pense que je devrais écrire à ton père. On n'enlève pas la fille d'un homme de cette manière, sans même lui dire un mot, dans des pays civilisés. Pourquoi n'y ai-je pas pensé avant ? Et je " J'aimerais être accueilli dans votre famille, ou du moins y être toléré. Pensez-vous que nous pourrions leur rendre visite, un jour, quand nos finances le permettront ? Ou peut-être que certaines de mes belles-sœurs pourraient venir nous voir ? George, quel plaisir fois où nous aurions pu donner à ces filles une partie de l'argent que j'avais, mais nous ne l'avons pas fait !"

Sa femme se pencha vers lui, ses yeux gris tout mouillés de son sérieux.

"Anthony, il n'y a rien au monde qui me rendrait plus heureux que si tu écrivais à la maison pour leur dire que je t'appartiens. J'espérais tellement que *tu* y penserais!"

"Pourquoi ne me l'as-tu pas dit, il y a longtemps ?" » demanda-t-il avec reproche.

"Maintenant, comment pourrais-je te dire une chose pareille ?"

"Pourquoi pas?" se demanda-t-il d'une manière dense.

Elle fit un geste expressif de ses petites mains, renonçant à la tâche désespérée de l'explication.

" Peu importe. Mais je serai si heureux ! Voyez-vous, ils ne savent pas du tout que je suis marié. Je n'ai pas osé le leur dire, parce qu'ils ont des idées si majestueuses et si pittoresques qu'ils seraient profondément offensés si vous ne le saviez pas. écrivez-vous. Ils considéreraient cela comme un grand affront à mon égard. Alors j'ai juste attendu.

Il la regarda avec émerveillement devant une telle patience.

"Ne recommencez plus", a-t-il demandé. " S'il vous plaît, rappelez-vous que vous avez daigné épouser un pauvre animal ennuyeux qui a besoin de vos conseils constants. Même encore, je n'ai pas réussi à comprendre le point délicat du fait que vous ne m'avez pas mis au travail il y a des semaines. Mais apportez les choses à écrire et asseyez-vous. à mes côtés en tant que critique expert ; nous nous en occuperons avant de dormir. "

Ils l'ont fait ; et furent encore rapprochés par l'accomplissement de cet acte de courtoisie et de considération qu'ils avaient involontairement négligé si longtemps.

L'intimité chaleureuse et gaie de leur vie commune s'enfonçait plus profondément dans la fibre des deux, au fil des jours. Ils trouvèrent une camaraderie d'esprits aussi bien que de cœurs, ne manquant jamais de nouveauté et de plaisir pour l'homme.

« Je n'ai jamais eu d'ami intime auparavant », dit-il un matin, en s'en rendant compte avec étonnement. "J'ai connu tellement de gens que je ne l'ai jamais deviné, Elsie, mais j'ai été seule toute ma vie. Je ne vois pas comment je pourrais être plus heureuse que maintenant."

Ils venaient de se lever de la table du petit déjeuner.

De l'autre côté , Elsie croisa le regard de son mari ; les siens infiniment sages, splendidement heureux comme les siens, et pourtant touchés de cette délicate raillerie qui le caressait et se moquait de lui.

"Oh oui!" elle était en désaccord. "Oui, Antoine."

Intrigué, il chercha ce qu'elle voulait dire dans son regard brillant.

"Je pourrais être plus heureux ?"

"Oui. *Nous* pourrions l'être."

"Mais--?"

Elle fit le tour de la table et lui donna la réponse, mettant ses mains dans les siennes. Elle ne parlait pas timidement, mais fièrement, avec un courage franc et une camaraderie.

Une heure plus tard, alors qu'Adriance descendait la longue colline pour se rendre à son travail quotidien, il se comportait avec une dignité nouvelle comme l'exaltation et la terreur mêlées qui pâlissaient son visage. Une fois, il s'arrêta dans le vent violent de mars pour découvrir sa tête et inspirer profondément et complètement, levant les yeux vers le ciel bleu vif où naviguaient des touffes de nuages blancs. Bien que la saison fût si avancée, la neige fraîchement tombée recouvrait les routes et les collines, de sorte qu'Adriance se semblait se tenir entre deux surfaces d'une luminosité pure et scintillante. Ses pensées commençaient seulement à s'articuler, mais un sentiment de changement final s'était installé en lui. Sa virilité avait atteint sa pleine dignité. Il savait désormais ce qu'il avait fait lorsqu'il avait arraché Elsie Murray à son courant de vie et l'avait prise pour lui. Il avait trouvé l'amour comme un joyau sur la route ; le contentement avait élevé un abri pour son inexpérience. Désormais, il était son protecteur et son refuge aussi longtemps qu'il vivrait pour les plus faibles qui étaient les siens. Et avec la responsabilité, l'ambition a pris vie et l'a mis au défi. Sa femme devait-elle être considérée comme une femme de chauffeur, et rien de plus ? Leur enfant devait-il être élevé dans cet endroit, et lui ne devait-il rien offrir de mieux aux deux ? Anthony Adriance promena son regard, avec la froide précision de son père, sur la grande usine située au pied des falaises, où lui-même était attendu pour conduire un camion.

Bientôt, il continua son chemin. Mais il est allé différemment.

CHAPITRE XII

LE SENTIER SUPÉRIEUR

Adriance n'avait pas passé six mois au moulin, même en qualité limitée de chauffeur, sans observer beaucoup de choses. Il en était venu à reconnaître les défauts de ce mécanisme au bon fonctionnement dont il faisait partie. Ne trouverait-il pas là une opportunité ? Il voyait beaucoup de choses que lui-même, doté de l'autorité, pourrait faire pour promouvoir l'efficacité. Il ne s'est pas fait d'illusions en pensant qu'il pouvait entrer dans n'importe quelle usine en tant qu'expert en efficacité ; il voyait bien qu'ici il pouvait gagner équitablement et demander un salaire qui donnerait à Elsie plus de luxe que ce qu'elle avait même connu dans sa propre maison et plus que ce qu'il avait lui-même appris à désirer. Après tout, il n'y avait eu aucune dispute entre son père et lui. Lorsque le jeune homme avait choisi une voie qu'il savait désagréable pour le plus âgé, il s'était simplement retiré de leur vie commune par courtoisie et par respect de soi. Puisqu'il ne donnait plus ce qu'on attendait de Tony Adriance , il ne pouvait pas prendre les privilèges de Tony ; Mais maintenant, la connaissance d'Elsie avait changé la situation. Il suffisait que son père rencontre sa femme, Anthony se sentait assuré, pour que son mariage s'explique. Même si M. Adriance était déçu par la simplicité du choix et des ambitions de son fils, même s'il préférait la brillante Mme Masterson à la sereine jeune gentleman comme belle-fille, pourquoi y aurait-il de la rancune entre les deux hommes ? Pour la première fois, Adriance a pensé que son père pourrait être seul et accueillir favorablement une réconciliation. Ils n'avaient jamais été intimes, mais ils avaient été des compagnons, ou du moins d'agréables connaissances. La maison de Drive ne contenait pas que des serviteurs, comme cela devait être le cas désormais – des serviteurs qui n'étaient aussi que de simples serviteurs, non pas les serviteurs fidèles, dévoués et pleins de tact de la romance, mais le mercenaire moderne moyen. La gouvernante les engageait et les renvoyait et était elle-même un automate fantôme, qui semblait uniquement recevoir des commandes spéciales et rendre des comptes mensuels. Pour toute atmosphère de foyer créée dans la maison, les Adriances auraient tout aussi bien pu être établies dans un hôtel. Anthony se demandait si même Elsie pouvait faire lever cette masse dense de formalités, ou si son art était trop délicat, une combinaison trop subtile de cœur, d'esprit et de personnalité pour affecter de telles conditions. Il ne pouvait pas en être certain. Il pouvait très bien l'imaginer, délicatement vêtue et sagement sûre d'elle-même, comme la maîtresse de cette maison ; mais il ne pouvait pas imaginer la maison elle-même comme beaucoup modifiée ou rendue moins bêtement lourde par sa présence. Il n'y avait pas pensé auparavant, mais maintenant il ne pouvait pas croire que son plaisir serait tout à fait le même s'ils s'asseyaient ensemble en cérémonie dans ce salon qu'il connaissait si bien, pendant qu'elle lui racontait les contes dont il avait appris à se délecter. Cela ne pouvait pas être tout à fait la même chose qu'un foyer à eux, et sa pipe, brûlant avec une énergie grossière et scandaleuse, exprimée en volumes de fumée, tandis qu'Elsie se penchait en avant, ses petites mains animées, ses yeux gris pétillants, et imitait ou riait ou chantaient selon l'humeur ou le conte l'exigeait. Il savait que lui-même ne pourrait jamais lire à haute voix avec enthousiasme et verve si M. Adriance écoutait avec des critiques amusées. Non, Anthony réalisa avec un certain étonnement qu'il ne voulait pas ramener sa femme à la maison.

Il faut néanmoins que la chose soit faite. C'était un devoir. Il ne pouvait pas continuer égoïstement comme il l'aimait tant. Il devait penser à Elsie et à la troisième qui devait rejoindre leur cercle. Il doit ramasser pour eux ce qu'il avait laissé de côté pour lui-même.

Mais il refusa de retourner auprès de son père comme un vaincu incompétent pour plaider pour son héritage. Sa fierté reculait devant la certitude que son père considérerait ainsi son retour ; il doit y avoir un juste milieu. À la grande porte de la cour de l'usine , il s'arrêta pour examiner à nouveau les énormes bâtiments pleins de vie. À plus d'un titre, c'était son atelier.

Il y eut plus que le brouhaha et la confusion habituels dans la salle d'expédition lorsqu'il descendit la pente de pierre menant à ce vaste appartement souterrain. Le petit homme ratatiné aux lunettes cerclées d'écaille, qui vibrait autour de sa longue plate-forme, vérifiant les rouleaux, les balles et les cartons au fur et à mesure qu'ils étaient chargés dans les camions, avait déjà l'air d'une distraction lasse. Ses cheveux fins étaient aplatis par la transpiration sur son front noueux, bien qu'il ne soit pas encore huit heures et que des courants d'air glacial balayaient l'endroit alors que les portes s'ouvraient et se fermaient sans cesse. Des groupes de chauffeurs et de porteurs souriants flânaient dans les coins ou derrière les piliers, observant avec plaisir ou indifférence, selon le cas, l'énergie et l'anxiété débordantes du petit homme.

Cet état durait déjà depuis deux jours, comme un véritable festival de confusion. Adriance l'avait observé avec la totale indifférence de ses camarades, se contentant de s'occuper des tâches qui lui étaient assignées et laissant M. Cook résoudre ses propres perplexités ; mais ce matin, il hésitait à côté du petit homme fougueux et ruisselant. Le petit homme aperçut son visage non antipathique et l'interpella, l'appelant à travers le tumulte des voitures, le cliquetis des diables poussés par des porteurs en chemise bleue et le vacarme complexe des lieux.

"Tiens, Andy, tu connais New York, combien de temps dois-je laisser à cet homme se rendre au quai de Valparaiso, décharger et revenir ? Trois heures ?"

"Deux", répondit Adriance en montant sur la longue plate-forme à côté de son chef.

"C'est impossible", contredit d'un air maussade le chauffeur du camion qui attendait.

"Pourquoi pas?"

"Vous n'autorisez pas le passage du ferry ici seulement toutes les demi-heures, ni le trafic de l'autre côté."

Le ton était insolent et Adriance répondit sèchement, s'exprimant inconsciemment en tant que Tony plutôt qu'Andy :

"Vous ne connaissez pas votre métier lorsque vous proposez de suivre cette direction. Descendez du côté de Jersey ici où la voie est ouverte, et prenez le ferry du centre-ville, qui circule toutes les dix minutes. Et revenez par le même itinéraire."

"Qui êtes-vous——" commença le chauffeur, mais fut sèchement arrêté par M. Cook :

"Faites ce qu'on vous dit, Pedersen, et si je vous surprend à faire d'autres trucs comme celui-là, vous êtes viré. Vous avez deux heures. Ensuite ! Herman, chargez votre camion et prenez le même itinéraire et le même temps ; n'est-ce pas ? entendre?"

"Oui, monsieur; mais——"

"Sortez et vous entrez tous les deux ensemble."

"Excusez-moi, M. Cook;" » dit Adriance , son regard évaluant le deuxième camion ; "Herman a une cargaison lourde, il peut difficilement la décharger en aussi peu de temps que Pedersen."

Le petit homme se tourna vers lui avec colère.

"Vous ne pouvez pas ? Vous ne pouvez pas ? Ils doivent revenir pour un deuxième voyage."

"Alors donnez-lui deux aides supplémentaires."

M. Cook le regarda à travers ses lunettes, puis se tourna et cria l'ordre. Lorsqu'il se retourna, il s'essuya le front et se soulagea par un élan de confiance.

"Il y a beaucoup de choses à envoyer en Amérique du Sud par le bateau qui part à trois heures. Une commande urgente, et juste au moment où nous sommes pressés avec d'autres livraisons ; et Ransome est malade à la maison. *Je* n'envoie jamais les camions ; *je* ne Je ne sais pas quand ils doivent arriver ni comment ils doivent partir. J'ai tout mon propre travail pour vérifier chaque expédition qui sort aussi. C'est trop, c'est impossible. Les chauffeurs se moquent de moi, je Je sais qu'ils le sont. Regardez les restes qui auraient dû être sortis hier, pas encore déplacés ! Ils me disent des mensonges sur les moteurs en panne ; je sais que ce sont des mensonges ; pourquoi la moitié des camions de l'endroit devraient-ils tomber en panne juste quand Ransome est absent ? Mais je ne peux pas le prouver.

"Pourquoi ne pas mettre un mécanicien dans une machine légère pour se rendre sur n'importe quel camion en panne, et ensuite donner l'ordre à tout homme dont le camion s'arrête de téléphoner ici immédiatement ?" suggéra Adriance .

Cette fois, M. Cook le regarda fixement pendant une minute entière. Profitant de l'attention de l'autre homme, Adriance frappa à nouveau :

"Voudriez-vous que je prenne la place de M. Ransome pour la journée ? Je connais assez bien les deux villes et je connais vos hommes. L'un des autres hommes peut prendre mon camion ; le Russe Mike, par exemple."

"Il ne sait pas conduire."

"Je vous demande pardon, il conduit très bien ; je lui ai appris moi-même cet hiver."

Le petit homme décrocha un combiné téléphonique du mur à côté de lui.

" M. Goodwin ! Cuisinier, monsieur. J'ai un homme ici pour remplacer Ransome pour le moment ; un de nos chauffeurs, monsieur. Oh, oui ! Andy... j'ai oublié son nom de famille. Il va bien, oui. Je " J'ai besoin d'aide ; je ne peux pas gérer les hommes, M. Goodwin. Très bien ; merci, monsieur. "

Il se tourna vers Andy. Dans les brefs instants de leur conversation, la congestion s'était épaissie de façon épouvantable, et M. Cook regardait le désordre avec horreur.

"Va vers la boîte de Ransome," dit-il sèchement ; " vous êtes nommé ; et je vous souhaite bonne chance ! Renvoyez-les s'ils donnent un coup de pied, et, vous pouvez y compter, je vous soutiendrai. "

La loge de Ransome se trouvait sur un petit quai au rez-de-chaussée, dans une situation telle que tout véhicule qui en sortait ou y pénétrait devait le dépasser et se présenter. Il était entouré d'une rampe et contenait un bureau, un téléphone et une chaise. Adriance ôta son pardessus et sa casquette alors qu'il sortait sur la petite élévation et prenait sa place. Les hommes qui flânaient dans les pièces se redressèrent et regardèrent ce nouvel arrivant. Un léger regain de calme s'empara de la horde à la simple vue d'un personnage en position d'autorité.

Ransome, invalide, ne manquait plus. L'opportunité s'était présentée à Adriance le jour où il avait eu l'idée de la saisir et de s'adapter à elle. Lui et ses collègues chauffeurs étaient de très bons amis, mais uniquement parce que leur travail pour le même employeur les rapprochait. Aucun d'entre eux n'avait été assez intime avec lui au point de ressentir sa position actuelle comme une offense à son égard. En fait, il s'agissait d'un groupe bon enfant et travailleur, dont les chahuts à l'égard de M. Cook avaient été autant de malice que tout désir de tirer un avantage mesquin de la situation actuelle.

Adriance lui-même une autorité dont il était tout à fait conscient, une force personnelle qui grandissait avec l'exercice. Il se tenait sur son élévation, envoyant homme après homme avec des ordres clairs et raisonnables, notant la distance, l'heure du départ et le temps imparti pour la course de chacun. Il fit connaître à chacun la nouvelle règle concernant les machines en panne ou temporairement désactivées, donnant sagement ceci comme un ordre de M. Cook. Lorsque le Russe Mike est arrivé avec le camion d'Andy, le grand homme a souri à l'homme sur le quai.

"Je ne vais pas la faire tomber", lui assura-t-il ; "Je suppose que je suis un assez bon conducteur ?"

" Bien sûr que oui", rit Adriance , se penchant pour lui donner son slip et une poignée de main en guise d'encouragement. "Tu vas bien, Michael; prends soin de toi et souviens-toi de ce que je t'ai dit sur le fait d'aller lentement."

"Bien sûr!" Un sourire élargit ses larges lèvres. "Dis, je suppose que c'est une bonne chose que nous n'ayons pas été contrôlés de cette façon lorsque nous avons rencontré cette actrice, n'est-ce pas ?"

"Ne faites pas attention à elle." Le teint d'Adriance s'est un peu élevé. "Je ne retiens personne non plus trop près, mais c'est une matinée chargée. Allez-y maintenant."

Et Michael y est allé tranquillement.

La pièce commença à s'éclaircir sous les efforts de M. Cook, excité et nerveux à une extrémité, et sous la gestion tranquille du jeune homme à l'autre extrémité de la pièce. C'était un travail bien plus exigeant que de conduire un de ces camions à moteur qu'il envoyait de manière si impérieuse, Adriance le découvrit bientôt. Car il ne se contentait pas de remettre à chaque chauffeur un bordereau indiquant sa destination, comme c'était l'habitude de Ransome.

Dans ce système, Adriance savait, d'après ses propres observations, que les hommes perdaient des heures par jour. Ce n'est que lorsqu'un chauffeur dépassait outrageusement le temps raisonnable pour son trajet qu'il recevait une réprimande sarcastique, à laquelle répondait suffisamment l'allégation de problème de moteur. La nouvelle méthode fut accueillie avec étonnement et quelques regards renfrognés, mais sans révolte. Au lieu que chaque camion envoyé ne revienne qu'à midi, deux, voire trois voyages ont été effectués dans la matinée. Bien sûr, il y a eu quelques plaintes. Adriance les coupa à leurs débuts. Il s'amusait malgré la tension.

Au milieu de la matinée, alors que les premiers camions partis commençaient à arriver, Cook quitta son poste quelques instants. Adriance ne le vit pas partir et ne remarqua pas non plus que deux autres hommes revenaient avec son collègue temporaire et restaient debout pendant un certain temps à l'ombre de l'arcade à piliers autour du mur, observant les débats sur le sol. Pendant une accalmie dans les allées et venues, alors qu'Adriance triait ses tas de bordereaux, l'un de ces hommes se dirigea vers son enclos surélevé.

"Bonjour", ouvrit l'inconnu.

"Bonjour," répondit distraitement Adriance ; tournant la tête et apercevant son visiteur comme un frêle petit vieux monsieur, il lui offrit la chaise solitaire. Bien sûr , il savait que son visiteur devait être lié à l'usine, ne serait-ce que par l'air tranquille et assuré avec lequel il ajustait son *pince-nez* et observait le plus jeune homme.

"Comment fais-tu pour séparer tout ça ?" » demanda-t-il en désignant les feuillets.

"Mettez-les en ordre au fur et à mesure que les hommes sortent, puis retournez le tas. Le premier sorti doit être le premier rentré", explique Adriance en souriant. "Bien sûr, je dois garder ensemble ceux qui ont à peu près la même distance à parcourir. C'est une méthode très rudimentaire, je sais, mais elle a été conçue sous le stress du moment. Une rangée de boîtes avec un compartiment pour chaque camion numéroté correspondant serait une meilleure solution qui me vient à l'esprit ; mais, bien sûr, je ne suis qu'un intrus temporaire. "

« Je m'appelle Goodwin ; M. Cook ne m'a pas dit le vôtre… ?

Le directeur de l'usine et l'associé de son père ! C'était la plus pure chance que Tony et lui ne se soient jamais rencontrés à la maison Adriance . Mais M. Goodwin appartenait à une génération plus âgée que l'aîné Adriance , sa maison était à Englewood et il venait rarement à New York, sauf pour affaires – la grande ville lui répugnait. Adriance se souvint de quelque chose de cela après son premier désarroi, et en tira autant de réconfort qu'il le pouvait, en répondant :

"Je m'appelle Adriance , M. Goodwin."

« Adriance ?

"Oui, monsieur. Ce n'est pas si étrange ; je suis un lien éloigné de la famille new-yorkaise, je crois." Il avait un souvenir trouble d'un Français plein d'esprit qui faisait allusion à un membre éloigné de sa famille comme à son « frère éloigné ».

"Je vois, je vois ; après tout, même des noms quelque peu inhabituels sont constamment répétés." M. Goodwin scruta l'autre dans l'éclat de la lumière artificielle qui lui procurait une vision plutôt confuse. "Mais excusez-moi, vous ne parlez pas comme un chauffeur."

"Ça ne dépend pas du chauffeur ?" Adriance para agréablement. "J'espère de toute façon ne pas le rester toute ma vie."

" Ah, certainement. M. Cook m'a demandé de venir observer l'amélioration des conditions ici ce matin. Je suis content, très content. J'aurais dû réglementer le système dans ce département plus tôt ; mais ces innovations modernes me pressent plutôt. vite. J'avais hâte de prendre ma retraite, c'est vrai," il toussa avec impatience et jeta un regard vague sur la grande salle. "Cependant, ce n'est pas la question. J'aimerais que vous gardiez ce poste, Adriance ; au moins jusqu'à ce que M. Ransome se rétablisse. J'ai entendu dire qu'il était menacé de pneumonie."

"Je serais heureux de le faire, M. Goodwin."

"Nous pourrions l'utiliser plus avantageusement au bureau. Eh bien, nous allons d'abord essayer votre système. Rédigez une commande pour tous les classeurs ou appareils que vous jugez nécessaires. Donnez-la à M. Cook et je veillerai personnellement à ce que tout soit fourni. " C'est un moment critique dont peut dépendre un commerce considérable avec l'Amérique du Sud. Cook me dit que plus de marchandises ont été transportées ce matin que dans n'importe quelle journée récente. Nous avions pensé à acheter plus de camions. "

"Je pense que ce n'est pas nécessaire, monsieur ; j'aimerais que vous essayiez ma méthode pendant au moins une semaine avant de le faire. Il s'agit seulement d'utiliser au maximum les matériaux disponibles. J'ai l'impression que de nouveaux problèmes grandissent avec de nouvelles institutions, et un étranger peut voir plus facilement le remède. »

"Oui ? Du sang jeune dans le business, pensez-vous ? Peut-être, peut-être."

Deux camions entrèrent en trombe et se dirigèrent vers le poste d'Adriance . Lorsqu'il en eut fini avec eux et les envoya du côté de Cook, il se tourna vers

M. Goodwin ; mais ce monsieur, satisfait de l'amélioration des conditions, montait déjà dans l'ascenseur pour regagner ses propres bureaux au-dessus.

"Soixante-treize, c'est le vieux plafond", remarqua Cook en courant pour remettre à son collègue une masse de notes de service. " Toujours aussi passionné, mais pas à jour, c'est tout. Ici – ceux-là au quai, ceux-là aux chantiers d'Erie ; ceci directement au décorateur de la Cinquième Avenue, qui l'attend – c'est un paysage de conception spécial. -du papier pour un grill-room de club à Long Island. Emmenez celui-là au bateau à vapeur - Long Island et Buffalo peuvent attendre.

"Vous avez été très gentil de m'aider de cette façon", a déclaré Adriance . Il prit la fuite, regardant le petit homme avec un regard où se croisaient de nombreuses pensées. Il sourit à l'un d'eux, et son visage devint chaleureusement gentil pendant un instant et Cook plutôt surpris.

"Vous m'avez aidé à me sortir d'une situation difficile en me portant volontaire ce matin", répondit Cook, un peu brusquement. "Je lui ai seulement demandé de venir voir comment les choses se passaient. Vous devez rester ici ?"

"Oui, pour le moment."

"J'en suis content ! Avez-vous déjà fait ce genre de travail auparavant ?"

"Des camions de manutention ?"

"Non, gérer les hommes."

Adriance réfléchit.

"Seulement sur un yacht, je pense."

Un groupe de quatre camions est arrivé. Dehors, un coup de sifflet a commencé à retentir ; d'autres se joignirent à la clameur et un gong résonna lourdement à travers le frisson intermittent du bâtiment rempli de machines. Douze heures! Cook se précipita vers ses propres hommes, restés inactifs avec la rapidité surprenante des vrais ouvriers ; et l'examen fut terminé. Adriance prévoyait que cela recommencerait, mais il était indifférent. Il ne se souciait guère de la rapidité avec laquelle son père le découvrirait, maintenant qu'il était résolu à le chercher dès qu'il verrait sa voie un peu plus clairement.

Il était profondément satisfait et enthousiasmé par le succès de ce matin. Cela lui a donné confiance en lui et lui a permis de demander une part dans la direction de l'usine avec quelque chose de plus tangible à offrir à son père que la simple affirmation qu'il voyait des améliorations à apporter. En fait, il avait accompli quelque chose. Il économiserait plusieurs milliers de dollars en utilisant les machines disponibles au lieu d'acheter davantage de camions à moteur coûteux, avec leurs dépenses d'entretien, leurs chauffeurs supplémentaires et leur inévitable détérioration due à l'utilisation.

Il sortit dans l'air froid et frais pour apercevoir le soleil et rafraîchir sa bouffée de satisfaction. Il pensait à Elsie avec une passion de tendresse et de triomphe. Il résolut de ne pas lui faire part de ses projets tant qu'ils ne seraient pas mieux assurés. Il doit commencer à la mettre à l'abri de l'excitation ou d'une éventuelle déception. Non, il ne parlerait pas de la réconciliation qu'il espérait opérer avec son père ; pas encore. Mais bien sûr, il lui parlerait de sa nouvelle position dans l'usine, et ils en exulteraient ensemble. Adriance a décidé qu'il attendrait que leur dîner soit terminé et qu'il s'en aille, puis il l'attirerait à côté de lui à la lueur du feu et l'étonnerait.

Il y avait un petit chariot à lunch en face, très fréquenté par les chauffeurs, les conducteurs de voitures et les passeurs. Il y allait pour son déjeuner, comme il le faisait habituellement lorsque midi le trouvait près de l'usine. Il lui semblait qu'il y avait déjà une petite différence dans la manière dont les collègues qu'il y rencontrait le traitaient. Déjà, ils semblaient sentir qu'il s'éloignait d'eux, qu'il avait pris, pour ainsi dire, le sentier supérieur. En effet, il ressentait en lui un changement qu'il ne fallait pas nier. Ce n'était pas de l'arrogance, mais simplement l'assurance d'un homme qui voit un chemin défini devant lui et le suit jusqu'à sa propre fin ; il avait cessé de vivre au jour le jour.

Mais il était sûr qu'il n'oublierait jamais cette journée. S'il avait un fils, il lui en parlerait lorsqu'il aurait atteint l'âge adulte. Et il serait le guide de son fils vers cette satisfaction du travail accompli, de peur qu'il ne la rate complètement, comme Tony lui-même avait failli le faire. Il ne devait y avoir aucune Adriance sans valeur .

CHAPITRE XIII

CE QUE TONY A CONSTRUIT

Par un caprice du hasard, ce fut ce jour-là que Masterson arriva ; presque à l'heure où Adriance , fatigué et exultant, faisait de beaux rêves en mangeant sa nourriture bon marché au comptoir du chariot-repas, à l'ombre de l'immense enseigne électrique portant son nom.

Le matin était arrivé à midi, quand Elsie fut appelée à sa porte d'entrée par un bruit de cloche ; un de ces petits gongs appréciés il y a des années, qui s'enclenchent lorsqu'on tire sur la poignée. Au bout du chemin droit, elle entendit des rires et des voix aiguës de femmes au-dessus du doux roulis d'un moteur d'automobile. Surprise, elle ouvrit la porte.

Devant elle, sur le petit porche haut et absurde, un homme en fourrure d'automobile se tenait debout et se stabilisait en agrippant la balustrade couverte de neige poudreuse. Confronté à une femme, il souleva sa casquette et un rayon de soleil perçant le vieux toit brillait sur ses boucles auburn bien coupées.

"On m'a dit au petit magasin qu'un chauffeur habitait ici", expliqua-t-il assez aimablement. L'éclat du soleil sur la neige éblouit sa première vision. "Notre système d'air comprimé est en panne et mon homme a oublié d'installer une pompe manuelle. Je——"

Sa voix tomba dans le silence. Il avait vu son visage.

« Elsie ? il doutait. « Elsie ?

Elle lui sourit avec son calme serein, même si une couleur profonde balayait son visage avec le mouvement surpris de son sang.

"Mme Adriance ," corrigea-t-elle. « Vous n'entrerez pas ? Je suis désolé que M. Adriance ne soit pas à la maison.

Il franchit machinalement le seuil, sans la quitter des yeux.

"Je n'y croyais pas", s'est-il exclamé dans un souffle. "Je pensais que Lucille... avait menti."

« M. Masterson ! »

Il secoua la tête en signe de dépréciation, continuant à l'examiner attentivement. Il avait l'apparence d'un homme fiévreux de boisson ou de maladie ; ses yeux étaient brillants derrière un vernis superficiel, son visage était hagard, mais rouge. Ses traits, toujours d'une finesse suggérant presque la mollesse, s'étaient aiguisés jusqu'à atteindre une extrême délicatesse qui ne promettait rien pour la santé ou l'endurance.

"Ils m'ont dit qu'un chauffeur vivait ici", dit-il à l'instant.

"Anthony est chauffeur," répondit-elle, la compassion pour le changement en lui rendant sa voix très douce. "Mais je crains que nous n'ayons pas d'outils automobiles à prêter. Tous ces objets sont conservés à l'usine ou dans la machine qu'il conduit."

Il écarta le sujet des automobiles d'un mouvement impatient de la main et se tourna lentement pour regarder la pièce.

Cette pièce avait recueilli beaucoup de réconfort au cours de ces derniers mois ; et quelque chose de plus. Des rideaux à fleurs écarlates pendaient aux fenêtres, faisant écho à la note vive de la salvia écarlate en fleurs sur les rebords. Une étagère remplie de livres avait été installée ; en dessous, une petite table contenait les pièces d'échecs de jade et d'ivoire disposées en bataille sur leur terrain. Comme toujours, le feu brillait et, sur l'âtre, le chat s'étendait somnolent. La joie régnait dans les lieux, l'atmosphère de camaraderie et d'amour assuré ; et le pouls de tout cela était la jeune fille qui se tenait debout, tranquille de regard, riche de vie et belle de santé, princesse dans son propre domaine.

C'est à elle que Masterson regarda le plus longtemps, sa belle bouche amère étrangement déformée.

"Tu es différent", prononça-t-il finalement.

"Je suis très heureux."

"Heureux ? Ici ? Vous avez épousé le fils d'un millionnaire pour vivre ici ?"

"Je me suis mariée pour vivre avec mon mari", le corrigea-t-elle fièrement.

de nouveau autour de lui et éclata soudain de rire avec un manque de contrôle trop bruyant qui, chez une femme, aurait été qualifié d'hystérique.

" La maison de Tony Adriance !" » cria-t-il en frappant ses mains gantées l'une contre l'autre. "Tony – Tony inactif, Tony tranquille, Tony des thés et des tangos – Tony a construit ça ! Pourquoi…, " il se pencha vers elle. "Vous avez fait correspondre le travail avec Dieu, Elsie Adriance ; vous avez fait un homme !"

Elle recula, consternée par cette audacieuse irrévérence. Il rit encore devant son expression.

"Tu penses que je voulais dire ça mal ? Ce n'est pas le cas. Je connais assez bien la direction que prend Tony et la façon dont je suis. C'est s'il s'en tient à ça ! N'as-tu jamais peur qu'il ne le fasse pas ! N'aie jamais peur qu'il revienne en arrière. vers les moyens les plus faciles ? »

"Non", a-t-elle affirmé. Un éclat brillant illumina ses yeux confiants. Elle portait sous son cœur ce qui faisait qu'Anthony et elle ne faisaient qu'un pour toujours. La peur était finie ; il ne traquait plus, comme un loup, son bonheur.

"Non ? Pensez-vous qu'il se contentera d'être chauffeur en lune de miel toute sa vie ? Je vais faire quelque chose de décent, Elsie ; je vais vous aider à décrocher Tony Adriance . Non, ne protestez pas. Je vais vous imposer mon aide tous les deux, que vous le vouliez ou non. Eh bien, vous ne pouvez pas l'empêcher de quitter New York pour toujours ! Envoyez-le-moi là-bas ce soir, et je terminerai ce que vous avez commencé. "

Étonnée et consternée, elle recula devant son urgence.

"Excusez-moi," commença-t-elle avec un refus catégorique.

Il la coupa court avec impatience.

"Alors je lui laisserai un message. Ne ressemble pas à ça, je veux seulement qu'il me rencontre dans un restaurant public. Tu ne peux pas me faire confiance ?"

"Tu ne comprends pas."

"Je comprends mieux que toi", rétorqua-t-il sans détour. "Mais si je me trompe, il n'y aura aucun mal. De toute façon, je veux le voir. As-tu peur de moi ?"

"Non."

"Eh bien--?"

Il ôta ses gants et sortit une carte et un stylo-plume de sa poche. Elsie le regardait impuissante tandis qu'il écrivait, glacée malgré elle par le retour de l'ancienne frayeur. Quoi, n'était-elle pas capable de retenir Anthony avec certitude, même maintenant ? Elle essaya de regarder autour d'elle, fortifiant son esprit de toutes les preuves prosaïques de leur vie commune. Après tout, Masterson connaissait « Tony » ; il ne savait rien de l'homme qu'Anthony était.

Elle put croiser le regard de son visiteur avec son calme habituel, lorsqu'il lui mit dans la main le message qu'il avait écrit.

"Dites-lui de venir", insista-t-il. « As-tu oublié que lui et moi étions amis ? Et je te serai toujours reconnaissant d'aimer Holly. Savais-tu que j'avais perdu Holly ?

Elle pâlit, le visage du bébé se levant devant elle.

« Je l'ai perdu ! Non… ?

"Mort ? Non. C'est moi qui suis mort, pour emprunter un peu d'argot."

Son rire était amer comme du quassia ; il tourna la tête vers le son du klaxon de l'automobile qui l'appelait.

"Un mort !" Il a répété. "Je dois y aller, Mme Adriance . Mais envoyez Tony ce soir."

La porte se referma au dernier mot. Elsie entendait les voix hautes et plutôt stridentes des femmes qui criaient au salut et à l'impatience ; puis la réponse de Masterson s'inscrivit dans une tonalité de gaieté tendue. Le moteur rugissait sous la main du chauffeur. Ils partaient ; de toute évidence, un moyen de gonfler le pneu avait été trouvé.

La paix de l'époque d'Elsie était partie avec eux. L'altération de Masterson l'effrayait ; l'étrangeté de ses manières et de son invitation l'inquiétait. Quelque chose n'allait pas; quelque chose qu'elle ne pouvait ni deviner ni comprendre. Pourquoi aurait-il dû parler ainsi de Holly ? Pourquoi aussi voulait-il Anthony cette nuit-là ?

Mme Masterson devait-elle faire partie de la fête au restaurant ? Cette idée est venue plus tard. La simple possibilité d'un tel événement a déterminé la décision d'Elsie ; elle n'enverrait pas Anthony à la réunion souhaitée. Elle laisserait passer la visite accidentelle de Masterson inaperçue.

Mais quand le soir arriva, et avec lui Adriance , rougeâtre par le vent de mars, enfantinement affamée et gaie ; lorsqu'il prit sa femme dans ses bras et l'embrassa avec la profonde tendresse que le matin avait ajouté à leur premier amour, Elsie savait mieux. Mieux vaut n'importe quel malheur que la barrière de la tromperie entre eux. Et elle se souvint avec le temps que ce n'était pas à elle de le priver de son droit de décision et de son libre arbitre.

Elle attendit que le dîner soit terminé et que les plats bleus et blancs brillent à nouveau dans leur étagère à côté de la porcelaine du magasin à dix cents .

« Allons-nous continuer notre livre ? » » proposa Adriance , lorsque sa pipe fut allumée. Maintenant que le moment était venu, il lui plaisait de jouer avec la surprise qu'il lui réservait, de prolonger son contenu secret. Il s'étira luxueusement dans son fauteuil. " Seigneur, c'est bon de rentrer à la maison ! C'est drôle, je ne me suis jamais vraiment soucié des livres jusqu'à ce que nous commencions à lire à haute voix, n'est-ce pas ? Viens t'installer. Je pense que nous allons nous coucher tôt ce soir, si tu le fais. " Ça ne me dérange pas, ma fille. Je veux faire un travail supplémentaire, demain.

Elle est venue vers lui assez lentement.

"M. Masterson était ici aujourd'hui", dit-elle à contrecœur. "Il est venu par hasard pour emprunter quelque chose pour son automobile. Je pense que c'était une pompe à pneu. Bien sûr , il a été surpris de me trouver. Et il vous a laissé ça."

Étonné, il prit la carte, l'attirant à côté de lui ; et ils lisent le message ensemble. C'était très bref, mais il exerçait pourtant une force de contrainte. Masterson a exhorté son ami à se rendre ce soir-là dans la salle de bal d'un certain restaurant connu de tous les New-Yorkais, et à y attendre que lui, Masterson, le rejoigne.

Il y eut une pause après la lecture. Adriance regardait la carte avec un sourcil plissé de perplexité, tandis qu'Elsie observait son visage avec un suspense tendu .

"De toute façon, il serait trop tard maintenant," murmura-t-elle timidement. "Il est huit heures."

Adriance s'est réveillé et a ri.

"Oh, innocence ! Cette salle de bal n'ouvre qu'à onze heures, bel étranger. Mais tu ferais mieux de te préparer, car nous avons une distance tout à fait respectable à parcourir. Ici disparaît notre tranquille soirée !"

"Nous ? Tu m'emmènerais ?"

Il la regarda avec curiosité.

"Pensais-tu que j'irais sans toi ? Nous devrons y aller, parce que Fred le pense vraiment ; je le connais assez bien pour le dire. J'ai peur qu'il ait des ennuis."

Elsie ferma les yeux un instant, maîtrisant son soulagement passionné. Elle les a ouverts à une nouvelle pensée.

"Anthony, je n'ai pas de vêtements pour un tel endroit."

"Moi non plus", il a calmement rejeté l'affaire. "Nous irons en costume de rue. Ce n'est pas grave, puisque nous ne voulons pas danser. Au fait, tu peux danser ?"

"Certainement."

"Les nouvelles danses ?"

"Certains d'entre eux," une fossette troubla sa joue lisse. "Pas le tout nouveau."

"Eh bien, je vais t'apprendre. Mais tu ne danseras qu'avec moi", déclara-t-il avec détermination.

Absurdement heureuse de l'interdit jaloux, elle alla se préparer.

Elsie Murray possédait une robe qu'Elsie Adriance n'avait jamais portée. Il avait un an, il avait été ramené de sa lointaine maison, mais il était si simple que sa mode passerait encore. C'était un après-midi, pas une robe de soirée ; une gaine noire et collante de mousseline et de filet, couvrant ses bras, mais laissant nue le pilier crémeux de sa gorge. L'obscurité nuageuse faisait écho à la douceur sombre de ses cheveux et mettait en relief la beauté de son teint clair et teinté de santé. Lorsqu'elle le porta dans la pièce où l'attendait son mari, il l'accueillit avec un sifflement de surprise et de plaisir.

"Une dame !" il a approuvé. "Qu'est-ce que tu voulais dire : pas de vêtements ? Ai-je déjà vu ça ?"

"Non. Est-ce que tu m'aimes comme ça ?"

Il posa ses mains sur ses épaules, la regardant dans les yeux.

"Bien sûr. Mais tu ne sais pas que ce que tu portes ou ce que tu as n'a pas d'importance ?" Il a demandé. "Nous avons réussi à nous en sortir, toi et moi."

Ils marchèrent jusqu'au ferry ; deux miles à travers l'obscurité froide. Mais ils ont trouvé le voyage comme un plaisir et non comme une épreuve. Elsie avait enseigné à Anthony son art de tirer l'amusement de chaque expérience. Sur le ferry, ils étaient seuls propriétaires du pont. « Mollycoddles », a appelé Elsie aux passagers qui se sont blottis dans les cabines. Le vent lui peignait les joues et les lèvres en écarlate, alors qu'elle se penchait par-dessus le bastingage pour entendre le craquement de la glace dérivante sous les flancs du bateau. Les deux évoquaient à eux deux un certain sentiment de voyage dans l'Arctique. Anthony a gravement insisté sur le fait qu'il avait vu un ours polaire sur une banquise. Ils étaient assez heureux pour savourer des absurdités ; et plus excité par la réunion à venir et le lieu de la réunion qu'aucun des deux ne l'aurait admis.

CHAPITRE XIV

La Danseuse de Cabaret

Il était onze heures lorsqu'ils franchirent la porte tournante du restaurant désigné et se retrouvèrent face à un groupe de préposés allongés dans le hall ; des serviteurs aux yeux cyniques, tous. Tony Adriance fut reconnu par ceux-ci avec une promptitude vivifiante ; aussitôt il fut entouré, interpellé par son nom, et des services officieux lui furent imposés. C'était étrange pour la jeune fille de le voir si familier dans cet endroit où elle n'avait jamais été ; étrange et un peu inquiétant. Mais son équilibre grave n'était pas perturbé. Elle confia son simple chapeau et son manteau à une servante, consciente de leur inadaptation au lieu et à l'heure.

Ils n'entrèrent pas dans la salle bondée sur leur droite, où un orchestre submergeait tout autre vacarme, de moindre importance, d'un pas fracassant. Au lieu de cela, Anthony monta un escalier en marbre brillant avec une balustrade aux coussins moelleux et trop de dorures. Elsie se voyait à côté de lui dans des miroirs fixés dans le mur à intervalles réguliers.

L'escalier aboutissait à une salle à arcades, au-delà de laquelle s'étendait une longue et brillante salle, confortablement remplie de monde en train de souper. Rempli, c'est-à-dire selon sa disposition : tout l'espace central au sol brillant et lisse comme la glace était vide, les tables étaient rangées autour des quatre murs. Les invités portaient pour la plupart des tenues de soirée, de sorte que la pièce brillait de couleurs, délicates, vives ou éclatantes, selon le goût du propriétaire. Ici régnait un calme relatif ; les voix et les rires étaient plus graves qu'en bas.

« Est-ce que M. Masterson est ici ? Anthony interrogea le maître d'hôtel, qui s'empressa d'aller à la rencontre du couple qui arrivait.

"Pas encore, M. Adriance ," répondit l'homme avec déférence. « À midi, il vient. Puis-je vous montrer une table, monsieur ?

"Oui. Pas trop près de la musique – Mme Adriance et moi voulons nous entendre parler."

"Certainement, monsieur. Le tambour *sera* bruyant, monsieur ; mais les danseurs aiment ça."

Elsie capta le regard de l'homme, plein de curiosité respectueuse et d'intérêt dirigé vers elle-même, et comprit pourquoi Anthony avait délibérément fixé son identité en tant qu'épouse. L'orgueil la réchauffait, et l'amour de sa considération pour elle ; tout à coup, elle put profiter de la scène qui l'entourait. Elle ne ressentait aucune gêne, même lorsque les femmes aux robes et aux coiffures élaborées la regardaient d'un air appréciateur alors qu'elle passait devant leurs tables. Elle les regarda, sereinement sûre d'elle. Elle ne se rendait pas du tout compte que beaucoup d'hommes la regardaient avec une admiration surprise de visiteur étranger à cette atmosphère. Mais Adriance voyait assez bien. Elsie avait une dignité innocente qui, alliée à son regard grave et candide, n'était pas peu imposante. De plus, sa couleur pure et lumineuse et ses yeux clairs étaient d'un naturel déconcertant à côté de ses beautés artificielles. L'orgueil de la possession le chatouillait agréablement ; il n'y avait pas pensé ni ne s'attendait à cette émotion.

Lorsque les deux étaient assis l'un en face de l'autre, le regard qu'ils échangèrent était d'un contenu élogieux. Adriance ordonna le dîner avec intérêt pour l'appétit et avec une fine connaissance de ses goûts et des siens. Puis, à l'aise, ils se sourirent. L'extravagance de la fête n'avait aucune importance. La simplicité absolue de leur vie quotidienne rendait le salaire d'Anthony plus que suffisant ; ils possédaient déjà la ressource d'un compte bancaire.

Jusqu'à présent, il n'y avait pas eu de musique, à l'exception de faibles échos provenant de la pièce du dessous. Maintenant, un tintement de cordes retentit délicatement, passant d'une simple note à une mélodie de valse mineure et complète. En se retournant, Elsie aperçut les musiciens. C'étaient des nègres ; pas un groupe ni un orchestre, simplement un pianiste, deux hommes avec des mandolines et autant avec des banjos, et un qui manipulait avec une dextérité étonnante tout un ensemble de producteurs de son ; un tambour, des cymbales, des cloches, un gong et même un klaxon d'automobile. D'un instrument à l'autre, comme l'exigeait le caractère de la pièce, les mains et les pieds de cet interprète volaient avec une précision et une vitesse ridicule. Mais la musique était plus que bonne, elle était unique, inspirée ; cela capturait les pieds et les sens. Tout autour résonnait le raclement des chaises repoussées, tandis que des hommes et des femmes se levaient pour répondre à l'appel. En un instant, le lieu passa d'un restaurant à une salle de bal.

C'était une salle de bal comme Elsie Adriance n'en avait jamais entrevu ni lors de ses expériences en Louisiane ni lors de ses expériences limitées à New York. Les femmes étaient costumées selon les modes extrêmes d'une année où toutes les modes étaient extrêmes. Alors que les danseurs passaient dans les pas gracieux et hésitants de la dernière nouvelle valse, il y eut des révélations : des draperies décolletées, des jupes transparentes jusqu'aux genoux, avec des pantoufles à rubans ornées de bijoux au talon et une boucle regardant à travers le mince voile. de mousseline teintée ou de dentelle. La scène avait une franchise orientale sans être flagrante ni grossière. Aux tables, on buvait beaucoup de vin et de liqueurs, mais aucune ivresse apparente encore. Certaines des femmes qui ne dansaient pas fumaient des cigarettes en bavardant avec leurs compagnons ; bon nombre d'entre elles avaient les cheveux blancs et étaient manifestement des matrones, respectées et qui se respectaient.

"Qu'en pensez-vous?" » s'enquit Adriance , après avoir regardé sa femme avec des yeux malicieux.

"Je ne sais pas", avoua-t-elle lentement. "Vous savez, je suis un étranger. Mais je ne suis pas assez stupide pour trop mal comprendre. Ces gens sont... d'accord ?"

"Oui, la plupart d'entre eux. C'est le public d'après-théâtre. Certains viennent de la scène, d'autres du public. Cette dame en mousseline verte qui a l'air d'avoir oublié de mettre la plupart de ses vêtements est la femme d'un homme. des associés de mon père. Avez-vous vu son mari nous saluer lorsque nous sommes entrés ? La petite fille aux yeux noirs et en costume de velours noir, à la table voisine, est La Tanagra, qui fait des danses classiques dans une cour de voile rose. C'est aussi une fille très gentille. Bien sûr, certaines d'entre elles... " Il haussa les épaules.

La musique s'est arrêtée. Au milieu d'une foule de gens rieurs et rouges retournant à leurs tables, un serveur emprunta un passage difficile avec le premier plat du dîner qu'Adriance avait commandé.

Les invités entraient dans la pièce en un mince flux constant, à mesure que l'heure avançait. Mais il n'y avait aucun signe de Masterson. Elsie se demandait ce qu'il dirait en la retrouvant avec Anthony. Serait-il en colère, indifférent, déconcerté ? Peut-être qu'il ne viendrait pas seul.

Un tintement aigu et impérieux de cymbales retentit brusquement, faisant taire le murmure des voix et les rires. Elsie partit de son abstraction et vit tous les yeux tournés vers le centre de la pièce.

"Démonstration de danse", sourit Adriance . "Maintenant, tu vas voir quelque chose !"

Un homme petit et brun et une femme vêtue d'une gaze jaune laissant voir ses genoux nus et fossettes se tenaient seuls sur le sol. Au second bruit des cymbales , ils flottèrent avec la musique dans une danse étrange, moitié espagnole, moitié sauvage ; une danse vigoureuse, voire crûment vivante et rapide comme un envol. La femme n'était pas belle, mais elle était incroyablement gracieuse. Ses petits pieds cambrés et brillants dans leurs pantoufles dorées rappelaient à Elsie une phrase à moitié oubliée.

"'Et ses sandales ravissaient ses yeux———'", a-t-elle cité à haute voix. "Tu t'en souviens, Anthony ?"

Mais Adriance se moquait d'elle.

"Nourrisson!" se moqua-t-il. "Attends de l'avoir vu aussi souvent que moi, et alors tu ne laisseras pas ton souper refroidir. Voilà, c'est fini !"

C'était. La danse s'est terminée avec les danseurs dans les bras les uns des autres, les regards croisés, les lèvres se touchant presque. Les applaudissements furent courtois. Le public, comme Adriance , était trop sophistiqué pour être facilement excité. Il préférait vraiment danser lui-même.

La préférence fut satisfaite au cours de la demi-heure suivante. Un pas, un fox-trot et un Lulu Fado se succèdent en douceur. La salle était désormais pleine à craquer. Un ou deux groupes commencèrent à montrer trop d'exaltation.

"J'aurais aimé que Fred vienne", remarqua Adriance , avec un regard rétif au groupe le plus bruyant. "Je ne veux pas que tu sois là après minuit. Je me demande——"

Il fut interrompu par un second fracas de cymbales d'airain qui anéantit les bavardages et les mouvements de la foule. Avec le bruit dur et résonnant, et continuant après sa fin, vint le doux carillon d'une horloge sonnant midi.

Cette fois, un intérêt plus marqué a accueilli l'annonce. En fait, un frisson distinct parcourut la pièce. Hommes et femmes abandonnèrent fourchettes et verres et se tournèrent avec impatience vers l'entrée. Un silence marqué persistait dans les lieux.

"Une célébrité", interpréta Adriance avec impatience. "C'est fou les caprices de Masterson ! Pourquoi n'a-t-il pas pu me voir à la maison ? Maintenant, il ne peut pas entrer avant que tout soit fini."

La musique avait commencé – une suite de ballet langoureuse et trépidante tirée d'un opéra célèbre. Dans la grande arche carrée de la porte, une jeune fille se leva et se leva.

C'était une créature maussade et magnifique, face au public. Sa bouche rouge et pleine était aux lèvres droites, ne rendant aucun sourire aux applaudissements de bienvenue. Il n'était pas possible d'imaginer une fossette brisant la courbe ferme de sa joue rouge. Elsie pensait qu'elle n'avait jamais vu une femme aussi incontestablement belle, ou aussi dépourvue d'allure féminine. Des touffes de cheveux noirs satinés encadraient son visage et étaient retenus par des bandeaux ornés de bijoux ; son corsage était dangereusement bas, retenu en place par d'étroites chaînes de brillants sur ses épaules fortes, lisses et blanches. Ses jupes étaient celles du ballet conventionnel : des volutes de tulle rose pailleté. Alors qu'elle se mettait à danser, ses yeux, très grands et sombres derrière leurs cils foncés, balayaient les spectateurs avec une sombre vigilance. Elsie sentit le regard la traverser et se poser sur Anthony. Oui, reposez-vous là, pour un instant d'attention fixe ! Mais Adriance ne montra aucun changement d'expression face au regard interrogateur de sa femme ; il observait le danseur avec un intérêt placide, sans manifester aucun signe de reconnaissance.

C'était une danse curieuse, aussi singulièrement dépourvue d'allure féminine que de beauté de la jeune fille. Pourtant, c'était gracieux et intelligent. Elle se penchait et se balançait à travers les mesures, faisant le tour de la pièce avec une coquetterie étudiée, froide comme l'indifférence ; posant de temps en temps avec une rose qu'elle soulevait pour toucher les lèvres ou la joue. Le public a regardé avec une tension d'intérêt soutenue que la représentation ne semblait pas justifier. Elsie remarqua que les hommes riaient ou montraient un léger embarras si la danseuse se penchait vers eux, mais les femmes applaudissaient avec enthousiasme et envoyaient des regards souriants. Qu'est-ce que ces gens savaient, mais qu'elle et Anthony ignoraient ? Il y avait quelque chose--

Juste en face des Adriances, le danseur s'était glissé en exécutant un pas complexe et difficile. Elle chancela, se rattrapant, mais pas avant d'avoir lourdement chancelé contre la chaise d'Elsie.

"Pardon!" haletait- elle , la voix basse. "Le sol est trop ciré !"

Pendant un instant, ses yeux furent plongés dans ceux d'Elsie, et ils n'étaient pas sombres, mais d'un bleu très brillant. Le frôlement de son bras et de son épaule nus laissa une traînée de poudre blanche sur la manche de l'autre ; un lourd parfum d'héliotrope s'échappait de ses vêtements. Avant qu'Adriance ait pu se lever, elle était partie.

"Maudite maladresse !" s'exclama-t-il avec une colère réprimée. "Est-ce qu'elle t'a blessé, Elsie ?"

"Non. Oh, non ! Anthony, je la connais, je connaissais ses yeux."

Il regarda sa femme.

"Tu la connais!"

" J'ai reconnu ses yeux. Je ne sais pas qui elle est, je ne peux pas penser ; pourtant je la connais. Elle m'a connu aussi ; je l'ai vu sur son visage. Et je crois qu'elle te connaît. "

« Elsie ! »

"Elle a regardé... Attends, elle finit !"

La musique atteignait en effet son final. La danseuse se glissa jusqu'à l'arche centrale par laquelle elle était entrée, prête à prendre son envol, puis leva les deux mains vers sa tête.

La perruque noire s'enleva d'un geste ample. Le danseur était un homme dont les cheveux auburn coupés court tombaient en désordre sur son front poudré. Mais il n'y avait aucune expression d'enfance sur son visage lorsqu'il le tourna vers la table d'Adriance ; le visage familier et imprudent de Fred Masterson.

La salle était sous les rires et les applaudissements. Mais le danseur disparut sans reconnaître ni s'arrêter pour profiter de son succès ; en fait, comme pour y échapper.

Quand Elsie osa regarder son mari, il avait une main devant les yeux. Il la laissa tomber aussitôt, mais évita son regard comme si l'humiliation était la sienne.

"Finis ton café," dit-il, sa voix rauque par un enrouement sec. "Je veux m'en sortir, rentrer à la maison."

"Nous n'avons pas parlé à M. Masterson", lui rappela-t-elle avec hésitation. "Il nous a demandé de le rencontrer."

"Je suppose que j'ai vu ce qu'il voulait que je voie."

Le serveur était de nouveau à côté d'eux, vérifiant sa réponse. Il sembla à Elsie que l'homme regardait Anthony avec une compréhension furtive et malveillante. Avait-il déjà vu Tony Adriance avec Mme Masterson, se demanda-t-elle ? Avait-il imaginé… Elle repoussa cette pensée.

"Après tout, chérie, n'avons-nous pas de préjugés ?" » essaya-t-elle, peu convaincue et peu convaincante. "N'est-ce pas vraiment comme s'il était acteur ?"

"Non, ce n'est pas le cas ! Vous savez que ce n'est pas le cas. Ce n'est pas ce qu'il fait que ces gens applaudissent ; ils applaudissent parce qu'il le fait. Il réussit en faisant étalage de lui-même, de son nom, de sa position. Le grotesque de c'est sa présence ici qui réussit, pas son travail. Eh bien, êtes-vous prêt ?

"Oui," répondit-elle, soumise à son humeur.

Il a payé le chèque et ils se sont évanouis. Elsie récupéra son chapeau et son manteau chez la bonne, dans la loge du dessous. Elle était trop préoccupée pour remarquer l'examen inquisiteur du préposé ou le regard franc d'une jeune fille blonde qui se maquillait avec un soin élaboré devant l'un des miroirs. Si elle l'avait fait, il ne lui serait pas venu à l'esprit que la rumeur avait été transmise par le personnel de service que la fille tranquille en noir était Mme Tony Adriance . Mais sans savoir que sa propre tenue simple avait l'éclat réfléchi d'un drap d'or, elle était trop féminine pour ne pas embrasser d'un regard d'admiration légèrement mélancolique les fourrures, les velours

et les satins brillants des étoles laissées dans cet endroit par les autres femmes.
. Aucune préoccupation ne pouvait ignorer cet ensemble. Il y avait une couche de velours gris assortie à ses propres yeux, doublée de soie couleur coquelicot assortie à ses lèvres. Un peu consternée par sa propre frivolité, elle s'éloigna précipitamment du lieu de la tentation. Anthony l'attendait.

CHAPITRE XV

LA ROUTE DE L'AUTRE HOMME

Le froid humide d'une nuit de mars s'enveloppa de manière glaciale autour des deux hommes alors qu'ils franchissaient la porte tournante donnant sur la rue. Le restaurant ne faisait pas face à Broadway, la rue aux millions de lumières ; pendant un instant, ils semblèrent être entrés dans l'obscurité, après que l'éblouissement de la lumière eut disparu. Adriance se détourna des propositions bruyantes des taxis, avec une économie motivée par la main directrice d'Elsie plutôt que par sa propre prudence. En effet, son grand étonnement et sa honte indirecte envers Masterson lui laissaient une légère attention pour les affaires ordinaires.

Mais ils n'étaient pas autorisés à atteindre le métro et à revenir comme ils étaient venus. Alors qu'ils approchaient de l'entrée de la gare, une limousine s'est arrêtée sur le trottoir et s'est arrêtée en travers de leur chemin. L'occupant de la voiture a ouvert la portière avant que le chauffeur ait pu le faire et s'est penché dehors.

"Entrez", ordonna la voix de Masterson plutôt que d'inviter. "Tu ne m'as pas attendu, alors j'ai eu une course-poursuite pour t'attraper. Fais monter Mme Adriance , Tony, et dis à l'homme où tu veux aller. Le ferry, n'est-ce pas ? Très bien, dis-le-lui."

Il parlait avec une impatience brusque et une tension qui excusaient beaucoup par le récit de ses nerfs malades. Adriance s'exécuta sans objection. Avant de se rendre compte de la situation, Elsie se retrouva assise à côté de lui, en face de Masterson, dans l'intérieur chauffé de la voiture.

L'air de la limousine était non seulement chaud, mais parfumé. Sans analyser leur raison, les deux Adriens trouvèrent particulièrement choquant qu'il en soit ainsi. Elsie a identifié le parfum d'héliotrope blanc porté par la danseuse. Le globe posé au plafond n'était pas éclairé, mais les réverbères brillaient, montrant la maigreur du visage rouge de Masterson et sa hagardité, accentuée par des taches de maquillage imparfaitement enlevées. Elsie éprouvait un embarras frémissant pour lui et un désespoir désespéré de trouver quoi que ce soit de possible à dire. Elle devina qu'Anthony éprouvait les mêmes sentiments, mais en intensifiant.

La voiture a roulé en douceur autour de Columbus Circle et s'est installée à un rythme régulier jusqu'à Broadway. L'agitation de la circulation après le théâtre était terminée depuis longtemps, les rues étant relativement dégagées. Masterson parla le premier, avec un défi qui se voulait léger.

"Eh bien, tu n'as pas de compliments pour moi ? On m'a dit que je le fais plutôt bien. C'est la seule chose que j'ai apprise à l'université et qui m'est utile !"

"Comment es tu venu--?" » commença brusquement Adriance . « Je veux dire… qu'est-ce qui t'a envoyé là, à ça ? Pourquoi, Fred… ?

"Je pensais que c'était toi, Tony, jusqu'à aujourd'hui", fut la réplique sèche. "Je le pense depuis que j'ai découvert qui finançait l'affaire. Jusqu'à ce matin, je croyais que Lucille avait menti lorsqu'elle m'avait dit que vous étiez marié. Je suppose que je devrais vous présenter mes excuses ; considérez que c'est fait, si vous le souhaitez."

"Ne le faites pas!" supplia Adriance . Sa main se referma brusquement sur celle de sa femme.

"Nous sommes mariés depuis novembre dernier", lui vint-elle gravement en aide. "Je suis sûr que Mme Masterson ne vous a dit que la vérité. En effet, l'annonce a été publiée dans les journaux ! Depuis, nous vivons là où vous m'avez vu ce matin ; en lune de miel tout à fait hors du monde."

"Je ne lis pas plus d'un journal que les premières pages", a répondu Masterson. « Je vois que vous ne lisez pas beaucoup, sinon vous n'auriez guère été surpris ce soir. Étiez-vous choqué, Tony ? Je suppose que je l'aurais été moi-même une fois. Maintenant… »

"Maintenant--?" » a demandé Adriance , après avoir attendu.

Masterson fit face à son ami avec une soudaine lueur dans ses yeux creux.

"Maintenant, j'en ai fini d'être choqué par moi-même, de penser à moi-même ou d'épargner moi-même et les autres. Ne voyez-vous pas, ne pouvez-vous pas deviner pour qui seul je ferais cela - ou quoi que ce soit d'autre ? Avez-vous oublié Holly ? Je n'ai peut-être pas de femme, mais j'ai un fils. Et je ne veux pas que mon fils soit élevé comme je l'étais, marié comme je l'étais et ruiné comme je le suis. J'aurai de l'argent si je le récupère. du caniveau, pour l'emmener dans un endroit propre et éloigné. Là, je l'élèverai moi-même, comprenez ! Il ne connaîtra jamais ce Fred Masterson. Le fait de le vivre dehors me mettra en forme bien avant qu'il ne soit assez vieux pour critiquer … Il a un beau petit corps, Tony ! Je le rendrai dur et droit comme un pin. Je lui apprendrai à travailler. Que m'importeront les rafales de ce coin du monde, quand j'aurai " Depuis que Lucille a divorcé, j'ai vidé mon esprit d'une bonne partie de la romance gênante. "

Il fut interrompu par l'exclamation de ses deux auditeurs.

« Vous avez divorcé ? » répéta Adriance , étouffée par la pression d'émotions contradictoires. « Vous avez divorcé, après tout ?

"Tu ne veux pas dire que tu ne savais pas ?" Il étudia les deux visages avec un étonnement incrédule ; puis, convaincu par leur honnêteté manifeste, il haussa les épaules et se moqua de lui-même. " Nous sommes tous des vaniteux ! Nous pensons que si nos tasses de thé tombent, le fracas se fera entendre dans le monde entier. Oui, je suis célibataire depuis trois mois. Vous êtes absent depuis six mois, rappelez-vous. Mais cela a duré. très doucement. Lucille est forte pour les convenances et les conventions. Elle même," son visage s'assombrit d'un flot d'amertume colérique surprenant comme une trahison, "elle est même prête à payer assez cher pour cela. Holly——"

La phrase est restée inachevée. La mémoire d'Elsie revint à ce matin-là, lorsque Masterson lui dit qu'il avait perdu Holly. Elle comprit maintenant ce qu'il voulait dire.

L'automobile avait depuis longtemps laissé derrière elle l'éclat et les paillettes du théâtre Broadway. Lorsque le silence glissant de la progression fut soudainement interrompu par le klaxon électrique de la voiture, avertissant un piéton en retard, les trois personnes à l'intérieur sursautèrent comme s'il s'agissait d'un événement peu naturel.

"Cela s'est passé tranquillement," Masterson ramassa le fil cassé d'un air maussade, "parce qu'elle a négocié avec moi. Elle a dit que si je ne me défendais pas , elle me laisserait emmener Holly. Eh bien, j'ai tenu parole; je suis resté à l'écart du toute cette affaire et je n'ai même pas trouvé d'avocat - comme un imbécile. Je ne sais même pas ce qu'ils disaient de moi. Je m'en fichais, puisqu'elle le voulait. Et puis elle a demandé au tribunal la garde de Holly ; et je l'ai eu. C'était seulement pour le bien du garçon, dit-elle ; je n'étais pas digne de m'en occuper.

"Oh!" Elsie haleta.

Masterson alluma une cigarette avec une tentative d'insouciance. Il éprouvait une singulière difficulté à mettre en contact l'allumette allumée avec le bout du petit tube en papier – un manque de coordination entre les nerfs et les muscles qui avait une signification sinistre pour celui qui sait interpréter les signes.

"Merci", a-t-il reconnu pour sa sympathie muette . "Peut-être savez-vous que j'étais en forme, alors ; ou, du moins, j'aurais été en forme si je l'avais eu. Ne l'ayant pas, je suis allé à... Je vous demande pardon, Mme Adriance ."

"Fred——" essaya Adriance .

L'autre homme le fit taire d'un geste.

"Je sais ce que tu vas dire, Tony. Ne le fais pas ! Ma femme, ma *défunte* épouse et moi avons géré cette affaire. Tenez-vous en dehors de ce qui ne vous concerne pas. Tiens, je lui donnerai ce qui lui est dû, aussi ! Si je n'avais pas été faible, tout cela ne serait jamais arrivé. Mais si elle avait joué à ce jeu, cela ne serait jamais arrivé non plus. Eh bien, je perds. Mais Holly ne paiera pas pour le jeu auquel il n'a pas participé. ". Je vous dis ce que je n'ai dit à personne d'autre. Quand j'aurai assez d'argent, j'achèterai Holly à sa mère et je l'emmènerai en Oregon. Lucille a toujours besoin d'argent. Phillips est là-bas, Tony. Tu te souviens de mon cousin Phil ? Eh bien, je l'ai lancé là-bas il y a dix ans ; j'ai vendu ma première automobile pour l'aider à se sortir d'une mauvaise passe. Il dit qu'il y a de la place pour moi ; un travail qui soutiendra tout homme qui n'en veut pas trop. Ils récoltent des kilomètres carrés de fruits. J'aimerais seulement que ce soit à l'autre bout du monde ! »

La limousine vira vers la gauche, trébuchant sur un réseau de traces de voitures. Ils se dirigeaient vers le ferry. Elsie posa sa main dans celle de son mari, devinant sa douleur.

"Belle machine, ça", observa Masterson avec désinvolture. "Une chose, je ne vais pas sortir du caniveau ! Vous ne croiriez pas ce qu'ils me paient pour mon travail théâtral à l'université. Je l'ai fait au début sur un pari, après un dîner que j'avais donné pour célébrer ma liberté. Je pense que cela doit embêter beaucoup Lucille. Cela me convient, et je ne peux pas autrement gagner aussi vite ce dont j'ai besoin. Nous y sommes.

L'automobile s'était arrêtée et le chauffeur ouvrit la portière.

"Le ferry vient juste d'arriver, monsieur", a-t-il déclaré.

"Très bien", l'a licencié son employeur. "Mme Adriance , vous feriez mieux de rester ici jusqu'à ce que le bateau accoste ; il fait froid ce soir. Tony et moi allons acheter les billets."

"Tu pourrais quand même dire Elsie," répondit-elle doucement. "Tu sais que nous avons toujours été de bons amis."

"Tu as raison de le dire maintenant," répondit-il. "Merci."

Les deux hommes n'ont pas acheté les billets ; au lieu de cela, ils marchèrent côte à côte sur la place pavée et rugueuse devant le ferry-house. Adriance était pâle, mais son visage était ferme et déterminé à en finir, ici et maintenant, avec toute tromperie.

"Fred, je dois mettre les choses au clair entre nous," força-t-il à prononcer un discours déplaisant. "Avant de rencontrer ma femme, je voyais beaucoup Mme Masterson. Vous avez parlé il y a quelque temps de me croire responsable de sa volonté de divorcer. Quand j'aurais pu faire une telle chose, je ne sais pas. Mais, je Je ne l'ai pas fait. Je suis parti pour ne pas le faire.

L'autre hocha la tête, presque également embarrassé par cet aveu difficile.

"Tout va bien, Tony. Je comprends. Mais ne me blâmez pas trop pour mon erreur. Savez-vous qui a payé tous les frais de l'affaire, dont l'influence l'a gardée à l'écart des journaux autant que possible - en bref, qui a géré toute la campagne ? Sauf pour Holly ; c'était un truc de femme ! Le savez-vous ?

"Pourquoi, non. Comment devrais-je le faire ?"

Le bateau était dans la cale ; Malgré le cliquetis des chaînes qui se déroulent, la chute des passerelles et le pas des hommes et des chevaux, la réponse de Masterson est venue :

"Ton père."

Cette déclaration étonnante a stupéfié Adriance au-delà de toute possibilité de réponse. Aucun cri, aucun déni de complicité n'auraient pu être aussi convaincants que la stupéfaction totale du regard qu'il portait sur son ami. Qu'est-ce que Adriance, l'aîné, avait à voir avec cette affaire ? Qu'avait-il à voir avec Lucille Masterson ?

"C'est vrai", répondit Masterson à son doute. "Maintenant, vous savez pourquoi je ne croyais pas que vous étiez marié, jusqu'à ce que je rencontre votre femme, ce matin. Et," hésita-t-il, "c'est pourquoi, quand j'ai compris, je vous ai amené me voir ce soir . Je Je ne pourrais pas le dire devant Mme Adriance , mais évidemment votre père n'est pas content de votre mariage, puisque vous vivez comme un ouvrier, de l'autre côté de la rivière. Ne vous y trompez pas, Tony, votre père n'a jamais rien fait de sa vie sans raison. S'il a obtenu le divorce de Lucille, eh bien, il sait que vous l'avez admirée autrefois. Et il l'a toujours aimée, lui-même. Supposons qu'il pense que si elle était libre, vous souhaiteriez peut-être le devenir ? Pourquoi pas ? Nous connaissons tous des couples où les deux Les deux parties ont divorcé et se sont mariées à plusieurs reprises, et personne ne dit un mot contre eux. »

Le recul qui secoua Adriance était aussi fort qu'une maladie physique. Comme une femme, il se réjouissait de l'obscurité.

Divorce entre Elsie et lui ? Il aurait pu rire de l'absurdité grossière de l'idée, s'il n'y avait pas eu son dégoût et son désir de s'éloigner du sujet.

"Nous allons rater le bateau", dit-il sèchement. " Merci, Fred, mais tout cela n'a aucun sens. La vérité, c'est que tu es malade — et ce n'est pas étonnant ! Viens, mec, relève-toi et tu surmonteras tout ça. Eh bien, tu n'as que vingt ans. huit ; recommencez ici ! Lâchez tout et revenez à la maison avec Elsie et moi pendant un moment. Vous avez vu comment nous vivons ; ce n'est pas grand-chose, peut-être, mais vous retrouveriez la santé. Et nous pouvons forcer Mme Masterson à laissez-vous avoir Holly une partie du temps, au moins.

"J'ai vu votre façon de vivre", a répété Masterson. "Oui. Et tu vois ma façon de vivre. Je ne suis pas un prédicateur, mais mesure-les et choisis si jamais tu te sens mécontent, Tony. Quant à me ramener à la maison, aucun de nous ne pourrait le supporter. Je bois toute la journée pour garder Je suis assez joyeux pour supporter ce restaurant et prendre de la morphine le soir pour m'endormir. Non, nous n'en parlerons pas. Je dois vivre cela à ma manière, puis quitter cette partie de la terre. Je peux tout laisser tomber. ceci immédiatement quand je serai prêt. Je ne suis pas un faible physiquement.

Les deux voulaient retourner à la voiture. Juste avant qu'ils n'y arrivent, Masterson mit fin à la discussion.

"Réfléchis à ce que je t'ai dit. Tu ne peux pas aimer ta femme plus que moi Lucille." Il frissonna dans l'air humide, rapprochant son manteau doublé de fourrure autour de lui. "Je n'ai pas pu la garder, même si j'ai fait de gros efforts au début. Je te souhaite une meilleure chance."

Il était trois heures du matin lorsqu'Adriance glissa sa clé dans la vieille serrure encombrante de la porte de sa maison, tandis qu'Elsie se perchait sur la balustrade du porche. À l'intérieur, ils entendirent son chien aboyer bruyamment pour lui souhaiter la bienvenue.

"Au travail à sept heures", commenta-t-il, alors que l'horloge sonnait en même temps que l'ouverture de la porte. Mais il n'y avait aucune plainte dans son ton. Il passa son bras autour d'Elsie et la fit franchir le seuil avec une profonde inspiration de soulagement.

"Laisse-moi allumer la lampe", proposa-t-elle.

"Je vais l'allumer." Il la serra plus près. "Attendez un instant, le foyer brille assez. J'ai réfléchi : si ce devait être un garçon, j'aimerais donner à notre fils le nom de votre joyeux vieil ancêtre : l'homme au sloop noir, Martin Galvez."

"Pas Anthony ?"

"Non."

La brièveté de la réponse la fit taire. Elle donna son consentement plus délicatement qu'en paroles. Mais Adriance ne s'approcha pas de la lampe et ne relâcha pas son compagnon.

"Elsie, tu es heureuse, n'est-ce pas ?"

"Plus qu'heureux, chérie."

"Si jamais vous ne l'êtes pas, si vous voulez quelque chose que vous n'avez pas, dites-le-moi. Vous savez que je ne vais pas toujours vous garder dans ce pauvre endroit, ni vous laisser travailler pour moi; je travaille à de meilleures choses pour vous, " Maintenant. Je ne vous l'ai pas encore dit. J'ai été promu à un nouveau poste aujourd'hui. J'ai du travail à l'intérieur de l'usine et une certaine individualité. Je ne fais plus partie d'une troupe de chauffeurs. Et, bien sûr, cela n'est qu'un début. C'est tout pour toi, tout, tu t'en souviens ? Si jamais — je suis souvent bête et, enfin, un homme ! — si jamais tu me trouves un manque, tu me le diras, n'est-ce pas ? "

Elle joignit les mains sur celle qui la tenait. Cette fin de journée de doute et d'anxiété a clôturé sa ronde avec un silence de profonde satisfaction. Elle voulait crier son amour, son bonheur et sa gratitude pour sa tendresse, l'exalter au-dessus d'elle-même. Mais avec une nouvelle sagesse, elle ne l'a pas fait. Là où il l'avait placée, elle se tenait debout.

"Oui," acquiesça-t-elle. "Oui."

CHAPITRE XVI

La Guitare d' Alenya de la Mer

Ce jour-là, dans un état d'impatience féroce, s'était emparé d'Anthony Adriance et l'avait précipité à travers une gamme de sentiments et d'expériences comme le temps en apporte habituellement en séquences tranquilles, espacées les unes des autres. De la confiance d'Elsie le matin, avec son émouvant amour, sa fierté et sa crainte qu'il n'avait nullement peur de qualifier de sacré, il était allé au spectacle de la dégradation de son ami dans le restaurant miteux. Et pour couronner le tout, il avait été confronté à la vision nouvelle et laide d'un père qu'il ne pouvait pas honorer.

Il avait toujours respecté son père très sincèrement et ressentait plus d'affection pour lui qu'aucun d'eux ne l'avait jamais imaginé. Il avait admiré le succès de l'aîné Adriance et regrettait secrètement de ne pouvoir travailler avec lui ou le partager qu'en dépensant les bénéfices. Son espoir de réconciliation n'était pas que mercenaire. Maintenant tout cela était renversé, une image renversée et brisée. Il ne voyait qu'un homme égoïste et borné, projetant de divorcer d'une jolie femme de son mari afin qu'elle puisse être libre de s'interposer entre son fils et la femme indésirable qu'il avait prise. Car bien sûr, Elsie était jugée sur la position de servante qu'elle avait occupée ; il n'y avait personne pour parler de sa douce naissance et de son élevage. Anthony l'avait compris et attendait avec impatience d'éclairer son père, un jour où ses autres projets seraient tout à fait prêts.

Il avait voulu que ce jour arrive bientôt ; maintenant, il savait que cela ne se passerait jamais comme il l'avait imaginé. Et la perte d'un idéal fait mal. Masterson lui avait dit la vérité ; il n'y avait aucun moyen d'échapper à la conclusion logique qu'on pouvait en tirer. Anthony n'a pas gaspillé d'énergie à essayer, mais s'est plutôt concentré sur le travail en cours.

Il a travaillé plus dur que jamais au moulin, mais son enthousiasme débordant avait disparu. Il redoutait maintenant la possibilité que M. Goodwin puisse parler à M. Adriance du jeune homme qui portait son nom et qui procédait à de tels changements dans le service des expéditions. Car Anthony ne s'est pas contenté de réglementer le système de camionnage. Il avait hérité des capacités de son père, même si l'outil inutilisé n'avait pas été découvert. Son attention éveillée, il trouva d'autres lignes détendues et lui indiqua comment les resserrer pour une efficacité maximale. M. Goodwin a visité la salle souterraine plus d'une fois, l'a observé et approuvé. Cook, conquis par le tact de cet homme nouveau qui ne méprisait ni ne critiquait de manière injurieuse son ancien chef et associé actuel, l'aida en lui apportant une chaleureuse coopération. Anthony a vu son salaire augmenter. Lorsque Ransome revint, après sa maladie, on lui confia un nouveau poste, à l'étage.

Les soirées dans la petite maison rouge n'étaient plus entièrement consacrées au jeu, après cette nuit passée à l'étranger. Adriance s'est mis à tenir un livre d'archives, sous la forme de notes énigmatiques et de colonnes de chiffres. « Les comptes du chauffeur », les appelait-il lorsqu'Elsie l'interrogeait ; » et elle rit en acceptant cette évasion, s'abstenant de le taquiner avec curiosité.

Bien avant, étaient arrivées les réponses aux lettres d'annonce que lui et Elsie avaient écrites à ses parents, et Adriance avait été touchée par l'accueil sérieux et gracieusement cordial réservé au gendre inconnu. Il s'était promis, ainsi qu'à Elsie, de rendre un jour une visite en Louisiane. Depuis lors, elle avait décrit le quartier, la campagne et les gens, avec son talent pour dessiner des mots vifs, jusqu'à ce que tout apparaisse aussi clairement devant lui qu'un lieu vu. Maintenant, il s'en souvenait avec une nouvelle considération.

"Tu te souviens de la vieille maison et de la plantation dont tu m'as parlé un jour ?" lui a-t-il demandé un dimanche matin. "L'endroit désert, qui était à vendre depuis si longtemps. Pensez-vous qu'il est toujours à vendre ?"

"C'était la dernière fois que Virginia a écrit", répondit-elle en le regardant d'un air interrogateur. "Elle a parlé d'un pique-nique organisé sous les vieux arbres."

« Si… eh bien, j'étais bondé dehors, seriez-vous content d'essayer la vie là-bas ? Je me suis souvenu hier que je possédais des objets assez précieux que ma mère m'a laissés ; rien de grand-chose, juste des bijoux qu'elle avait quand elle était petite. Je n'aime pas l'idée de le vendre, mais si je suis coincé, cela nous achèterait un tel endroit. J'ai quelques idées que j'aimerais essayer.

Elsie déposa le saladier dont elle s'occupait ; ses yeux gris pluie étaient graves, elle considérait son mari.

"A quoi penses-tu, Anthony ?"

Adriance détourna le regard. Même à elle, il ne pouvait se résoudre à parler de sa perte de confiance en son père ou de dire qui il craignait désormais comme son ennemi. M. Adriance ne pouvait pas diviser Anthony et sa femme sans leur consentement, mais il pourrait leur rendre la vie ensemble extrêmement difficile. Anthony avait connu des hommes qui avaient suscité l'inimitié de son père, et ce souvenir n'était pas rassurant. Avant son entretien avec Masterson, il aurait ridiculisé l'idée d'une telle situation entre son père et lui ; maintenant, il était incertain.

"Mettez votre chapeau et votre manteau", éluda-t-il la question. "Viens te promener, je veux te montrer quelque chose."

"Et notre dîner ?" elle a hésité.

"Peu importe. Nous mangerons des œufs brouillés."

En riant, elle obéit.

« Qu'est-ce que je vais voir, Anthony ?

"Une maison", brièvement.

La promenade les éloignait assez du voisinage de petites chaumières comme la leur. En fait, la maison devant laquelle Anthony s'est finalement arrêté était tellement éloignée de toutes les autres qu'elle était à peine connue dans un quartier. Il se détachait sur un petit éperon des Palisades, délicieusement niché dans un coin de bois et de pelouses.

"Là!" il l'a indiqué. "Joli?"

Elsie regarda avec un sérieux satisfaisant. La maison était si neuve que l'auto-annonce du constructeur bousculait encore l'enseigne proposant à la vente : "cette résidence moderne, toutes améliorations".

"J'adore ça", a-t-elle déclaré. " Ces maisons de ciment blanc sont adorables ; on dirait qu'elles sont faites de bonbon à la crème. Quels porches profonds, comme des grottes de corail blanc ; et comme la lumière brille délicieusement dans ces vitraux rusés ! Je suppose qu'elles sont placées en haut des escaliers ? Il est également de bonne taille ; assez grand pour être assez luxueux, mais pas au point d'être épouvantable. Comment l'avez-vous remarqué, ma chère ?

" J'ai pris cette route pour un raccourci, un jour. Regardez quelle vue vous avez ici. Il faut voir vingt milles en amont et en aval de la rivière, et plus de la moitié de New York. Mais elle est ouverte à l'inspection ; entrons ".

"Comme si nous envisageions de l'acheter", s'est-elle passionnée pour ce sport. "Oui, et nous serons effectivement très critiques ; trouvons des défauts et finalement rejetons-le. Vraiment, Anthony, cela n'a rien à voir avec notre résidence actuelle."

"Vous ferez l'affaire", approuva-t-il en la faisant monter les marches larges et paresseusement basses.

C'était vraiment une maison enchanteresse ; une maison qui a développé des charmes inattendus pour le couple qui errait dans ses pièces et ses couloirs vides et résonnants. Il se livrait à des recoins et à de petits balcons sans importance ; à mi-hauteur de l'escalier, il présentait un siège de fenêtre des plus accueillants qui ne pouvait être conçu que pour les amoureux.

"Mais aucun n'y est encore allé", observa Elsie, s'attardant dans les escaliers pour contempler ce dernier attrait. " Pensez simplement, Anthony, que c'est une simple débutante d'une maison avec son livre de bal vide. Personne ne s'est assis devant son foyer, ni ne s'est niché sur le rebord de sa fenêtre, ni n'a ouvert sa porte pour laisser tomber l'amour ou donner. charité. C'est une maison ondine dont l'âme n'est pas encore entrée dans sa blancheur fraîche. Oh, j'espère que les gens qui l'achètent sont à la fois justes et bons, et respectent son innocence !

"Les grottes de corail et les Ondines, aujourd'hui, votre sentiment est entièrement marin", la taquina-t-il. "Elsie, est-ce que tout ça ne te donne pas envie de quelque chose ?"

"Oui," répondit-elle rapidement en le regardant par-dessus son épaule alors qu'elle descendait. "Je veux quelque chose que j'ai vu hier chez le magasin d'antiquités. Veux-tu me l'acheter ?"

"Ça dépend. Qu'est-ce que c'est ?"

"Une guitare. Une guitare qui aurait pu être fabriquée pour accompagner nos pièces d'échecs en ivoire et en jade, pour qu'une esclave aux lourdes paupières puisse la toucher pendant que son maître et son invité préféré déplaçaient les pièces sur l'échiquier. C'est *El Aud* d'Arabie . ; toute incrustation de nacre opalescente, chevilles et frettes marquées de couleur terne. Je suis bien sûr qu'elle appartenait à quelque princesse orientale ; peut-être Zaraya la Belle ou Alenya de la Mer. Elle chantera les cours de Fès où les fontaines éclaboussent tous les jours chauds et calmes de minuit, dans les jardins de l'Alhambra, et les rossignols de Zahara perdue . Et l'antiquaire le vendra cinq dollars !

Adriance rejeta la tête en arrière et rit, séduit par des pensées sérieuses.

"Quelle péroraison ! Nous achèterons ce truc en rentrant chez nous, dimanche ou pas dimanche. Enfin, si vous pouvez le jouer pour moi, et s'il arrive suffisamment à l'ouest pour la chanson endormie et effrayante de Maître Raoul Galvez, cela devrait ne jamais être chanté entre minuit et l'aube ? Je n'ai encore jamais entendu celui-là.

"Vous le ferez", promit-elle. "Et aussi la chanson avec laquelle Alenya de la Mer a charmé le roi de sa tristesse."

"Dis-moi d'abord qui était Alenya ."

"Ce soir--"

"Non, maintenant." Avec légèreté mais détermination, il la fit franchir le seuil de la pièce qui s'ouvrait à côté d'eux. En face de sa cheminée flambant neuve aux carreaux de rose, il poussa un coffre à outils, oublié par quelque ouvrier négligent, et y étendit son propre manteau, formant ainsi un siège assez confortable. "Asseyez-vous ici", dit-il. " De toute façon, tu es fatigué ; et j'ai envie de te voir ici. "

Surpris, mais cédant à son caprice avec cette cordialité qu'il aimait en elle, Elsie obéit. Adriance s'installa en face, sur les carreaux relativement propres de l'âtre.

"Tirez", ordonna-t-il, paresseusement et familièrement impérieux. "Votre sultan écoute."

Elle lui fit une grimace mutine et ôta lentement son chapeau, le posant à côté d'elle sur la poitrine. Son regard s'attardait méditativement sur le large rayon de soleil qui traversait la fenêtre la plus proche et brillait entre elles comme une épée d'or. En regardant, Adriance a vu ses yeux gris se rappeler.

" Très bien, je vais essayer de raconter l'histoire comme mon père me l'a racontée une fois. Mais s'il l'a tirée de ces histoires étranges dans lesquelles il est si instruit, ou s'il l'a tirée de sa propre imagination, je ne sais pas. ... Car il est plus poète que professeur, et plus antiquaire que l'un ou l'autre - et plus cher que vous ne pouvez l'imaginer jusqu'à ce que vous le rencontriez, Anthony. Maintenant imaginez-vous dans notre vieux jardin négligé et écoutez.

"Il y a très, très longtemps, avant que la beauté de Cava ne fasse traverser Gibraltar aux Maures pour entrer en Espagne, vivait à l'Est un roi nommé Selim le Douloureux. Ce nom était le sien. Son royaume était aussi riche que vaste ; son peuple était content ; il semblait que tout le pays riait, sauf son souverain, sur lequel reposait un vague et sinistre sortilège depuis l'heure de sa naissance.

"Car toujours il pleurait une chose inconnue, un besoin indéfini et insatisfait. La royauté était à lui, et la jeunesse, et le pouvoir absolu, pourtant, à cause de son grand désir, il se déplaçait comme un mendiant à travers sa splendeur et connaissait la faim du cœur. de nuit et de jour. Les sages et les temples étaient interrogés en vain, de riches cadeaux envoyés en vain à des oracles lointains ; aucun ne pouvait comprendre le désir du roi, ni le guérir. Et son visage sombre et mélancolique finit par être accepté par son peuple comme une chose habituelle. et royale.

« Un jour, alors que le roi se promenait seul dans son jardin au bord de la mer, une étrange brume se glissa sur la terre et l'eau, argentée, opalescente, merveilleuse. vers le rivage jusqu'à ses pieds, où il se brisa avec un grand bruit. Lorsque l'écume scintillante et les embruns retombèrent, une jeune fille se tenait debout sur le sable devant lui ; une jeune fille vêtue du gris flottant de la brume, ceinturée et couronnée de doux , perles pâles. Ses yeux brillants étaient verts comme le cœur de l'océan, et quand le roi les regarda, son chagrin rétrécit et s'enfuit.

"'Qui es-tu, mon désir?' demanda Sélim.

"' Alenya de la Mer', lui répondit-elle, et sa voix était le clapotis des vagues une nuit d'été.

"Puis le roi la prit dans ses bras et la porta à son palais."

"Et elle l'a guéri ?"

"Mieux ! Elle l'a satisfait. Jamais changement n'a été plus merveilleux ; dans tout le royaume il n'y avait pas d'homme aussi heureux que le roi Selim. Jour et nuit, nuit et jour, il s'attardait près de la jeune fille de la mer. Une prospérité tumultueuse arriva au terre, les champs donnaient une double récolte ; il semblait que le sourire du roi était un véritable soleil du Sud.

"Mais peu à peu, une terreur superstitieuse s'est abattue sur le peuple, et les prêtres jaloux l'ont entretenue. Étrange, étrange et étrangement douce était la musique qui sortait des appartements d'Alenya . Un jour vint où le pays exigea que Selim mette le mal à l'écart. enchanteresse, ou mourir. Ils lui ont donné un mois pour choisir.

"Les hommes de l'Est étaient de pauvres amants", commente Adriance . "Il a banni la princesse des mers ?"

"Pas du tout ! Il a choisi la mort, et un mois avec Alenya ."

"Eh bien, s'il vivait un mois exactement comme il le voulait, il aurait quelque chose."

"Personne très vraie et cynique. Mais jamais il n'y a eu de mois comme le sien, où l'homme solitaire possédait encore son amour et où le roi fatigué avait trouvé une excitation. L'intensité est le saut d'une flamme et ne peut pas durer. Quand la fin des quatre les semaines sont venues… » elle fit une pause, sa petite tête sombre penchée en arrière, son regard invitant à son danger.

"Ils sont morts?"

" Alenya a chanté au roi pour la dernière fois. Il n'y a aucune trace de cette musique perdue ; c'est si triste que si elle était écrite, le journal se fondrait en larmes. Quand il a cessé, le roi s'est endormi et Alenya est retournée à la mer. et la brume, seuls. Plus tard, les gens sont venus et ont réveillé Selim avec leur joie, mais il a regardé avec un étonnement froid le spectacle de leur loyauté de retour. Il avait tout oublié.

"Oublié?"

"Oui, car la dernière chanson d'Alenya avait effacé son image de son esprit. De son esprit, pas de son cœur ; il était à nouveau Selim le Douloureux, aspirant à un désir qu'il ne connaissait pas.

"Souvent, souvent, il errait le long du rivage, souffrant, sans comprendre. Il est écrit que son règne fut long et sage. Mais la nuit où il mourut, ses serviteurs trouvèrent l'empreinte d'une petite main mouillée sur l'oreiller où reposait la main du roi. tête blanche."

Au bout d'un moment , Adriance se leva.

— Il ne pouvait donc pas garder le sien, quand il l'avait ! il a dit. "Merci, Madame Shéhérazade. Maintenant, sortez et je vais vous dire pourquoi je voulais que vous vous asseyiez près de ce foyer, pour avoir de la chance."

En riant, elle le suivit, portant son chapeau à la main.

"Pourquoi, Antoine ?"

"Parce que je veux cet endroit pour notre maison", répondit-il.

Elle poussa une faible exclamation, véritablement consternée.

"Tu le veux ? Pourquoi ça doit valoir dix mille dollars, Anthony ! Tu vois, il y a même un petit garage. Et il faudrait des domestiques, au moins une femme de chambre à tout faire."

"Oui. Je travaille pour tout cela. Il y a quelque temps, je pensais en être sûr. Maintenant, je crains que non. Mais vous ne vivrez pas très longtemps comme nous le vivons actuellement. Soit je gagnerai ma partie. , et vous amène ici, ou nous irons vers le sud et tenterons une nouvelle aventure.

Étonnée et silencieuse, elle croisa son regard ferme et résolu. Elle n'avait pas entrevu ce but dans toute leur vie intime ensemble.

"Est-ce que tu... veux m'en parler ?" elle se demandait. "Et, tu sais, je suis très , très heureux comme nous le sommes ; comme je dois toujours être heureux avec toi, gagner ou perdre, ma très chère chérie."

L'endroit était tout à fait désert ; il l'embrassa, devant les fenêtres aveugles de la maison qui n'avait jamais été habitée.

"Je sais," dit-il. "Comme je dois être avec toi, et je le suis ! Mais j'attendrai de te dire le reste, jusqu'à ce que je puisse tout dire."

Elle accepta la franche réticence. Ils rentrèrent chez eux plus tranquillement qu'ils étaient venus, chacun occupé par ses pensées.

Mais Adriance n'a pas oublié de s'arrêter chez l'antiquaire pour la guitare. Le propriétaire habitait à l'arrière du bâtiment à charpente délabré et admettait volontiers ses deux clients, après les avoir examinés sous un coin surélevé du rideau vert blanchi par le soleil.

"La guitare?" il fit écho à la demande d'Adriance . "Pour madame ? Mais certainement !"

Il sortit l'instrument de la fenêtre avec un empressement déférent. C'était un juif français mince et aux yeux brillants ; assez laid et assez vieux en apparence pour justifier l'affirmation d'Elsie selon laquelle il était le Juif errant et c'est là le fondement même du conte de Hawthorne. Elle lui sourit avec un souvenir malicieux, tout en ôtant ses gants pour toucher les ficelles rouillées.

"C'est une bonne guitare", approuva-t-elle. " Et gai, avec toutes ces incrustations de nacre et ces petites pierres de couleur serties dans les piquets ! Mais il faut que ces fils métalliques se détachent, Anthony. Ils sont trop bruyants et trop durs. "

"C'est vrai, madame," le vieil homme acquiesça, avant qu'Adriance ne puisse parler. "La guitare était utilisée sur scène, où le volume——!" Il haussa les épaules. "Jamais vous ne devineriez, madame, qui m'a apporté cet instrument la semaine dernière."

"Non?" » se demanda Elsie, poliment intéressée.

" C'était cet énorme Russe qui autrefois montait à côté de votre mari dans le wagon à moteur, madame. Il n'a pas de tête, ce Michel, mais il a un cœur. Des cinés, il est fou, des films, je dirais. Eh bien. puis, dans la pauvre pension où il vit, est entrée une actrice. Elle était sans travail, sinon elle n'aurait pas été là, *bien sur* ! La guitare était à elle. Michael l'a apportée ici pour la vendre pour elle. Je crois qu'elle est malade. Parce qu'elle est de la scène, il est son esclave.

"Il est amoureux?"

" Lui, madame ? Cela ne lui est même pas venu à l'esprit. Il ne présumerait pas. "

« Pauvre idéaliste ! dit Adriance . "Nous prendrons la guitare de théâtre, mais emballons-la pour que je puisse rentrer à la maison sans que personne ne me jette un centime."

Il riait en parlant et avait oublié l'histoire de la guitare avant qu'ils n'atteignent Alaric Cottage. Mais Elsie n'a ni ri ni oublié. Ce soir-là, alors qu'elle était assise en face d'Anthony, évoquant une musique gaie ou bizarre pour son enchantement, elle pensa beaucoup à la jeune fille qui avait joué pour la dernière fois de son instrument décoratif.

"Est-ce vraiment ma guitare, Anthony?" » demanda-t-elle enfin.

"Ce n'est certainement pas le mien", rétorqua-t-il d'un ton taquin.

Elle lui fit une grimace. Mais elle a aussi pris une résolution.

CHAPITRE XVII

Le Russe Mike et Maître Raoul Galvez

Le Russe Mike vivait dans une colonie située à environ un kilomètre et demi de la route fluviale. Il passait habituellement devant la maison des Adriances chaque matin, quelques instants avant le départ d'Anthony, au pied plus léger, dont la foulée élancée le portait à deux pas de celle du grand homme. Elsie avait depuis longtemps fait la connaissance de l'assistant de son mari. Par temps glacial, elle l'appelait fréquemment depuis la route enneigée pour réchauffer son sang lent avec une tasse de son café créole vivifiant. Le lundi matin suivant l'achat de la guitare, elle savait exactement quand courir sur le chemin et trouver la silhouette volumineuse et allongée devant son portail.

À la vue de la jeune fille dans sa robe de couleur lilas, une écharpe de laine blanche enroulée autour de ses épaules, sa petite tête sombre brillant presque de bronze dans la lumière vive du matin, Mike s'arrêta et tira maladroitement sa grosse casquette. . Il avait des rabats qui se fermaient sous le menton, de sorte qu'il était gêné à la fois par la difficulté d'enlever son couvre-chef et par l' *inconvénient* de rester couvert. Mais le sourire d'Elsie était un rayon de soleil dans le cœur qui dissipa tous les frissons de doute lorsqu'elle s'approcha de lui.

"Bonjour, Michael. Merci d'avoir ramené mon minou samedi soir. Elle *va* s'enfuir, d'une manière ou d'une autre."

"Ce n'est rien, madame", a-t-il déprécié, confus, mais satisfait.

"C'était très gentil. Michael," elle baissa les yeux avec considération sur son écharpe soufflée par la brise, "hier, M. Adriance m'a acheté une guitare chez le magasin d'antiquités. Nous avons appris d'où elle venait, comment vous l'aviez apportée. Will vous dites à la dame qui la possédait que je serais désolé de garder une chose qui pourrait lui manquer ? Dites-lui, s'il vous plaît, que j'espère qu'elle grandira bientôt et que, lorsqu'elle sera prête , je serai heureux de lui rendre la guitare. Nous allons juste jouer qu'elle me l'a prêté pendant un moment."

Son visage rugueux et son cou massif rougirent lentement pour correspondre à ses cheveux enflammés.

"Toi, tu——" balbutia-t-il, inarticulé. Son poing mitain tordit la palissade la plus proche. "Je ne suis pas ... ! Merci, madame."

La malice enroulait les lèvres d'Elsie comme des pétales de coquelicot, alors qu'elle contemplait le géant déconfit.

"Est-ce qu'elle est très jolie, Michael ?"

"Non, madame", fut l'aveu inattendu. "Non pas à moins qu'elle soit habillée pour jouer. Elle est gentille, juste. Je suppose que beaucoup ne sont pas comme la superbe personne pour laquelle Andy travaillait : habillée à tout moment."

"Andy ? M. Adriance ? Il n'a jamais travaillé———"

"Pour une actrice; oui, madame", termina Mike, calmement affirmé. "Il lui a offert du thé le lendemain de Noël, quand nous avons été envoyés à New York. Vous ne l'avez pas vue ? Jolie blonde, avec d'horribles grands yeux clairs et de jolis vêtements ?" Il s'appuya contre la vieille clôture frêle, fermant les yeux avec un souvenir. "Elle portait une sorte de parfumerie...! Depuis que je l' ai vue , personne d'autre n'est plus très beau . "

« Il lui a offert du thé ? » répéta faiblement Elsie. Elle n'avait pas l'intention de faire une enquête sur Anthony ; la question était née de la douleur et de la perplexité.

"Elle le lui a demandé. Ils sont allés dans un restaurant et j'ai surveillé le camion. Tony, *elle* l'a appelé." Mike se redressa lourdement et se prépara à partir. "Je suppose que je vais me mettre au travail, madame."

Elsie hocha la tête et se retourna pour reculer.

Adriance était apparu sur le seuil de la chaumière, son chien bondissant autour de lui dans l'espoir chaque jour déçu et chaque jour renouvelé d'accompagner le vénérable maître. Il sifflait et fouillait dans ses poches à la recherche d'une allumette, alors qu'il se levait. Mais il fut frappé de stupeur et immobile par le changement de la jeune fille pâle qui se détournait du portail. Elle semblait presque tâtonner sur le chemin.

« Elsie ! » appela-t-il en dévalant les marches. "Pourquoi, Elsie ?"

À sa grande consternation, elle s'effondra dans ses bras tendus, les yeux fermés.

Il la rassembla près de lui et l'entraîna dans la maison, lui-même malade de panique absolue. La maladie était si nouvelle pour eux ; il connaissait même un médecin plus proche que le majestueux et important médecin de famille de New York. Il sentit le monde basculer sous ses pieds ; son monde, qui ne contenait que sa femme. Tremblant, il l'allongea sur leur lit et s'agenouilla à côté, la tête toujours sur son bras.

« Elsie ! » s'étouffa-t-il, ses yeux fouillant son visage. "Fille!"

Peut-être était-ce la misère dans sa voix, peut-être l'angoisse d'amour avec laquelle il la serrait, mais elle bougeait dans ses bras.

"Oui," murmura-t-elle. "Je... je serai guéri dans un instant."

"Tu n'es pas en train de mourir ? Tu ne souffres pas ? Que puis-je faire ?"

"Non, non. Attends un peu. Dépose-moi, je dois réfléchir."

Il obéit, l'installant parmi les oreillers avec une infinie tendresse. Il n'osa pas l'embrasser de peur de perturber sa guérison, mais il retira soigneusement les épingles de ses cheveux et lissa les ondulations épaisses et douces. Il se souvenait vaguement d'avoir lu quelque part que les cheveux d'une femme devaient être dénoués lorsqu'elle s'évanouissait. C'était dans un roman, bien sûr ; pourtant, cela pourrait être vrai. Et il connaissait une panacée !

Elsie n'ouvrit pas les yeux, mais elle l'entendit se lever et se précipiter dans l'autre pièce. Le vertige l'avait quittée à présent, et elle pouvait réfléchir.

Bien sûr, elle avait reconnu le portrait de Lucille Masterson réalisé par Mike. Elle avait vu l'autre femme, charmante, impérieuse, d'une beauté assurée ; elle avait presque respiré la riche odeur de son *Essence Enivrante* , qui n'était pas du tout française, mais distillée dans une chambre haute de la 42e rue où étaient composés des parfums individuels pour ceux qui pouvaient bien payer. Anthony était allé la voir, le lendemain de Noël. Le lendemain de Noël ! Allongée là, Elsie se rappelait comment elle et Anthony étaient allés ensemble à l'église dans une ambiance de Noël et s'étaient agenouillés main dans la main sur le petit banc nu aussi simplement que des enfants : « parce qu'ils s'étaient trouvés ». Et puis leur premier dîner de Noël dans leur maison ornée de houx, lorsque le chiot était assis en titubant sur le genou d'Anthony, se régalant de nourriture qui aurait dû le tuer, tandis qu'elle riait, faisait des remontrances et encourageait le crime. Le lendemain de tout cela, le lendemain de lui avoir offert la bague d'amour en grenat, Anthony était-il allé chez Mme Masterson ? Sa raison criait contre l'absurdité. Pourtant, il était parti.

Le tintement des porcelaines déplacées à la hâte dans la pièce voisine avait cessé. Adriance s'approcha du lit, se penchant pour glisser délicatement son bras sous l'oreiller et relever la tête de la jeune fille. Dans son autre main, il tenait une tasse de thé chaud, le seul médicament qu'il connaissait.

Tout le cœur de sa femme fondit envers lui dans sa serviabilité impuissante. Soudain, elle se souvint qu'il était revenu vers elle après cette réunion. Il avait vu l'invincible Lucille, mais était revenu au bonheur glorieux avec sa femme. L'épreuve qu'elle avait prévue et redoutée depuis longtemps était terminée. Elle ouvrit les yeux et le regarda doucement.

Il ressemblait à un homme malade, et son regard la dévorait, l'enveloppait.

"Qu'est-ce que c'était?" » demanda-t-il d'une voix hésitante. "Qu'est-ce que c'est?"

"Anthony, pourquoi ne m'as-tu pas dit que tu avais rencontré Mme Masterson ?" elle a posé sa question calme. "Pourquoi m'as-tu laissé pour l'entendre de Michael ?"

Surpris, il continua à la regarder dans les yeux sans aucune confusion dans les siens.

"Je suppose que j'aurais dû te le dire ", a-t-il admis franchement. "Mais cela n'avait aucune importance, et je... eh bien, j'avais si mauvaise silhouette que j'ai esquivé de vous le montrer. La femme m'a surpris dans l'avenue et m'a assez intimidé jusqu'à un salon de thé, le col flétri. et des mains grasses. Je pense qu'elle l'a fait aussi par pure méchanceté, car elle n'avait rien à dire, après tout. Mais... *cela* ne vous a sûrement pas rendu malade, Elsie ?

"Tu n'as jamais pensé que ça me dérangerait que tu partes ?"

"Pourquoi?" » demanda-t-il simplement. "Qu'est-ce que cela nous fait ? Ce n'est pas le cas, n'est-ce pas ?"

Elle leva les mains et les plaça derrière sa tête.

"Posez le thé", rit-elle, les larmes aux yeux, "sinon nous le renverserons entre nous. Me considérez-vous comme un ange inhumain, chère chérie ? Non, cela ne me dérange pas, mais je l'ai fait."

"Comme ça?" étonné. "Tellement?"

"Vous n'arrêtez pas de vous rappeler qui a élevé Maît'Raoul Galvez", prévint-elle, ses lèvres contre les siennes. "Je suis vraiment jaloux, mec!"

"Mais je t'aime", balbutia-t-il maladroitement. "Cette femme, elle ressemblait à une renarde ! Pauvre Fred !"

Leur premier malentendu était passé, et ne laissait aucune ombre. Peu à peu, ils burent le thé froid ensemble et Elsie persuada sa nourrice d'aller à l'usine comme d'habitude.

"Je n'étais pas malade, juste pleine de méchanceté", a-t-elle expliqué consciencieusement. "Même si cela ne serait peut-être pas arrivé si j'avais été comme d'habitude, Anthony."

Ils parlèrent de cette affaire plus à loisir, ce soir-là. Mais ils ne trouvèrent aucune raison pour laquelle Lucille Masterson insistait sur ce bref entretien avec Anthony. Pourquoi l'avait-elle forcé à la fréquenter ? Il pouvait honnêtement assurer à Elsie que Mme Masterson n'avait fait aucune tentative pour le reconquérir son ancienne allégeance ; au contraire, elle l'avait nargué et contrarié. Par caprice, ils ont finalement classé et écarté l'épisode.

Ce qu'ils n'ont pas écarté de leurs pensées, c'est la conversation qu'ils ont eue dans la nouvelle Maison Blanche, le jour où ils ont acheté la guitare. Ils ne parlaient pas des ambitions d'Anthony, mais Elsie venait souvent et avec un enthousiasme plus libre parler de sa Louisiane natale. Son mari a percé cette ruse innocente avec une pénétration plus vive qu'elle ne l'imaginait, et jusqu'à présent , il a échoué. Il comprit qu'elle se préparait astucieusement à lui faciliter la retraite, au cas où il perdrait son combat ; se préparant à le convaincre que c'était la voie qu'elle désirait le plus suivre. Il l'aimait d'autant plus ; et il était d'autant plus obstinément déterminé à se frayer un chemin.

CHAPITRE XVIII

LE DÉFI

Chaque jour, Anthony était de moins en moins disposé à quitter l'endroit qu'il avait choisi. Il ne voulait pas abandonner le travail commencé à l'usine ; il avait acquis un intérêt personnel actif dans ses progrès là-bas. Il était bien conscient qu'il en saurait bientôt plus sur certaines possibilités de l'usine que M. Goodwin lui-même. Son père ne s'était jamais préoccupé de telles questions. M. Adriance était le point de convergence des nombreuses lignes formant un vaste réseau d'affaires dans lequel cette usine n'était qu'un brin. Il n'a même pas trouvé le temps de remarquer l'avancée en âge de M. Goodwin et le désir de retraite que le vieil homme était trop fier pour exprimer. Mais le rivage dont la petitesse était dédaignée par le plus grand Adriance pourrait bien se révéler capable de soutenir le plus petit.

Un accident détermina encore davantage son désir de rester. Un jour, M. Goodwin descendit dans la chambre basse ; a occupé la chaise dans l'enclos d'Adriance pendant un quart d'heure et a regardé les débats. Ces visites occasionnelles avaient beaucoup contribué à établir fermement l'autorité d'« Andy », en cédant ainsi l'approbation du directeur au nouvel ordre des choses. Mais cette fois, M. Goodwin avait quelque chose à dire au jeune homme que lui et Cook considéraient comme une heureuse découverte.

"Andy", commença-t-il, utilisant le surnom comme Adriance lui-même l'avait suggéré en observant la réticence positive avec laquelle le vieux monsieur traitait familièrement le nom vénéré du propriétaire de l'usine ; "Andy, demain il y aura une réunion au bureau de M. Adriance à New York ; je serai présent." Il s'éclaircit la gorge, un peu important. "J'aurai plaisir à mentionner l'excellent, le vraiment excellent travail que vous avez accompli ici. Je vous mentionnerai personnellement."

Anthony reposa soigneusement les papiers qu'il tenait et resta immobile, le visage assombri par la difficulté. Il voyait ce qui allait arriver et il ne voyait aucun moyen de l'arrêter. Il ne voulait pas que son père apprenne sa présence ici par un étranger ou lors d'une réunion publique. Il voulait raconter à M. Adriance sa propre histoire, avec leur parenté pour l'aider. Il voulait expliquer Elsie à l'homme qui défendait Mme Masterson ; il voulait lui parler de la nouvelle Adriance à venir. Il ne pensait guère possible que son père lui refuse la simple opportunité qu'il avait demandée, ou qu'il tente de lui imposer le tort monstrueux d'une séparation entre homme et femme, s'il comprenait. Mais si le simple fait que Tony était secrètement à son service lui était présenté, M. Adriance était tout à fait capable de considérer cela comme un défi supplémentaire et même une moquerie envers lui-même. Le discours de M. Goodwin s'est déroulé placidement sur :

"Vos capacités sont vraiment exceptionnelles, exceptionnelles ; je suis sûr qu'elles seront appréciées à leur juste valeur. Vous faites un bien meilleur travail que Ransome. Je vous conseillerai d'être autorisé à créer un nouveau poste pour vous avec un nouveau salaire. J'aimerais vous devez superviser l'ensemble du service d'expédition à cet étage, pas seulement le camionnage.

"Vous êtes très bon", murmura Adriance ; « Je ne suis peut-être pas tout à fait prêt pour cela. Au moment où la prochaine réunion aura lieu… »

"J'ai dit que vous étiez compétent", lui rappela M. Goodwin avec une certaine raideur. "J'ai l'habitude de juger de telles affaires, je vous en prie, souvenez-vous-en. Je suis tout à fait sûr que M. Adriance ressentira du plaisir à l'idée qu'une de ses relations, même lointaine, se distingue ainsi de l'employé ordinaire."

"Non ! C'est... j'aurais souhaité..." Adriance se surprit à trébucher et rougit devant les yeux étonnés de l'autre. « Je veux dire, l'influence familiale ne peut pas m'aider de cette façon. Pouvez-vous soumettre l'affaire à M. Adriance sans utiliser mon nom ?

L'homme plus âgé se figea, profondément stupéfait. Très lentement, il ôta son *pince-nez* avec des doigts un peu incertains.

"Certainement pas", dit-il d'un ton rigide. "Pourquoi devrais-je faire une chose si remarquable ?"

Il n'a pas été facile de répondre à ce défi. Le silence persistait désagréablement. À travers la brèche qu'il a créée, un mince courant de doute s'est répandu, qui s'est rapidement transformé en un véritable courant de suspicion. Adriance ne trouvait toujours rien à répondre, et la situation devenait plus qu'embarrassante. M. Goodwin se leva enfin.

"Je regrette d'avoir fait cette proposition", a-t-il déclaré. " Bien sûr, ce n'était pas dans mes calculs que vous aviez quoi que ce soit à cacher, surtout à M. Adriance . Nous laisserons bien sûr tomber l'affaire pour le moment. "

"Tu veux dire que je peux continuer ici tel que je suis ?"

"Je l'espère. Vous comprendrez qu'il est de mon devoir de soumettre cette affaire à M. Adriance . Il n'est pas juste que j'emploie en son nom un homme qui craint que sa présence ici soit connue de son employeur. Je vous en prie. bonjour."

Cette condition était pire que la première. Se reconnaissant acculé, Adriance jeta un rapide coup d'œil autour de lui, ne trouva personne à portée de voix de son petit enclos et fit un pas vers l'homme qui s'apprêtait à le quitter.

"Attendez ! M. Goodwin, je suis Tony Adriance ."

Le petit vieux monsieur le regarda d'un air vide.

"Mon père ne sait pas que je suis ici, personne ne le sait sauf ma femme. Ne veux-tu pas te rasseoir et m'écouter ?"

M. Goodwin le regardait toujours, muet. Souriant malgré son dépit et son anxiété, le jeune homme fit face tranquillement à l'examen. Il était bien conscient que dans ses vêtements de travail, ses mains témoignant de son hiver de travail manuel, son visage foncé par le bronzage de mois de vent et de soleil, il n'avait guère l'air de celui qu'il prétendait ; c'est-à-dire si M. Goodwin savait quelque chose de l'ancien Tony Adriance . Mais il garda l'honnêteté franche de ses yeux ouverts sur la lecture de l'autre et attendit. Peut-être que si ces yeux bleu-noir plutôt inhabituels que lui et son père avaient en commun avaient confronté M. Goodwin à la lumière du jour, il aurait pu être identifié avant cela. En tout cas, ils ont convaincu maintenant, même sous un jour trompeur.

"Il y a une ressemblance", murmura M. Goodwin.

"A mon père ? Oui, je le pense ; on me l'a dit."

"Mais pourquoi--?"

L'une des interruptions habituelles fit partir Adriance avant qu'il ne puisse répondre. Le vieux monsieur restait hébété et le regardait. Une fois le véhicule passé, Adriance s'est retournée vers l'autre homme.

"Je me suis marié sans consulter mon père, l'automne dernier", dit-il doucement. "Voulez-vous dîner avec moi ce soir, M. Goodwin, dans ma propre maison en haut de la colline, et me laisser vous expliquer ce que je fais et pourquoi je le fais ? Si vous avez le moindre doute sur mon identité, vous pouvez arrangez-le facilement en demandant à mon père, lorsque vous le verrez aujourd'hui, si son fils est à la maison ou non.

M. Goodwin retrouva sa voix avec difficulté.

"Non, je préférerais comprendre avant de voir M. Adriance . Montez maintenant dans mon bureau privé; Cook peut se débrouiller ici pendant une heure sans vous. Je suis étonné, voire déconcerté, Andy... M. Adriance ——"

"Essayez 'Tony'", suggéra l'autre avec son sourire soudain.

Ainsi , tandis que Cook, indigné, se débattait avec une double tâche, Adriance et M. Goodwin étaient assis l'un en face de l'autre dans le bureau privé de ce dernier et conversaient longuement.

À l'exception du côté Masterson de l'affaire, Adriance a raconté l'histoire sans réserve. Il espérait gagner le silence temporaire de M. Goodwin, mais il a en réalité gagné plus qu'il n'aurait cru possible. M. Goodwin était enthousiaste et intéressé comme il ne l'avait pas été depuis des années. Quand Adriance conclut, l'autre était le plus agité des deux.

"Vous ne direz pas aujourd'hui à mon père ma présence ici, vous me donnerez le temps de le faire moi-même ?"

« Je ferai mieux, » dit M. Goodwin très ému, « je vous aiderai... je vous adopterai, pour ainsi dire. M. Adriance ... »

"Tony."

"Tony, je vais te former pour me succéder ici. J'aimerais beaucoup prendre ma retraite, comme je te l'ai dit. Ma femme et moi - nous n'avons pas d'enfants - avons prévu depuis longtemps de voyager ; nous avons même choisi les endroits que nous visiterions et " Les itinéraires que nous préférerions emprunter. C'est, pourrais-je dire, notre rêve depuis des années ; mais M. Adriance n'a pas écouté mon désir de partir. Il déclare qu'il n'y a personne en qui il puisse avoir confiance à ma place. " La fierté colorait le vieux visage maigre. " Son estime me flatte ; mais maintenant je vais lui donner un successeur en qui il peut avoir confiance. Il est très convenable que vous ayez cette position. Je ne lui dirai rien, comme vous le voudrez ; mais entrez ici dans mon bureau et étudiez. la gestion de cette entreprise avec moi. Je m'en charge moi-même.

Étonné à son tour et profondément touché, Adriance prit la main offerte.

" Bien sûr , vous savez que je ne trouve pas de mots de gratitude suffisants, M. Goodwin. Si vous voulez vraiment être si bon, vous ne me trouverez pas en manque dans la mesure de mes capacités. "

"Ils sont déjà allés assez loin", dit sèchement son aîné.

Ce qui semblait être une calamité était devenu une étrange chance. M. Goodwin a facilement dissipé tout doute qu'il aurait pu avoir sur l'identité de Tony. Le lendemain matin, alors qu'il se serait rendu à sa place habituelle, un employé l'arrêta et l'emmena au bureau privé de M. Goodwin, où un bureau l'attendait.

" Bien sûr, c'est mon nom, ou plutôt celui de mon père", dit Adriance à Elsie ce soir-là. "Il y a déjà une vingtaine d'hommes plus intelligents que moi qui continueront, je suppose, à avancer comme ils le sont. Cook est l'un d'entre eux. Mais je ne suis pas assez altruiste pour gâcher la chance dans laquelle je suis né , je suis J'aurai peur. Je prendrai tout ce que Goodwin me donnera, et si mon père refuse de me garder là-bas, au moins la formation me rendra plus apte à gagner notre vie dans un autre endroit.

"Mec, tu n'as pas assez de vanité pour te nourrir correctement", lui dit gravement Elsie.

M. Goodwin s'est révélé un maître d'œuvre plus difficile que Cook ou Ransome. Il entreprit l'éducation de Tony Adriance avec un enthousiasme enthousiaste tempéré par une sévérité consciencieuse qui le rendit exigeant et méticuleux dans les détails. Adriance aimait suffisamment le plein air pour que le camion à moteur lui manque parfois – il y avait même des heures où il pensait avec mélancolie au Russe Mike ; mais il a appris rapidement sous la culture forcée. Il voyait maintenant à quel point la connaissance de l'usine dont il s'était fier dans la salle d'expédition avait été superficielle et combien ridiculement inadéquate pour gérer la grande entreprise qu'il aurait été si son père l'avait mise entre ses mains. Mais sous la direction de M. Goodwin, il devenait en réalité ce qu'il s'était imaginé être. Par ailleurs, le professeur et l'élève s'attachèrent cordialement l'un à l'autre ; et comme cet attachement était évident, que le nouvel homme était connu dans chaque département où il était envoyé pour acquérir de l'expérience sous le nom de « M. Adriance », et que M. Goodwin l'appelait « Tony », son identité ne fut bientôt plus un secret dans l'usine. . Mais le doyen Adriance n'a jamais eu de contact personnel avec aucun membre de la force, à l'exception de M. Goodwin, c'était donc une question d'indifférence. Adriance a continué à être inscrite comme chauffeur et a reçu le salaire correspondant.

Les vrais chauffeurs dont le camarade Andy avait été le regardaient avec curiosité et chuchotaient entre eux quand il passait par hasard, même si ses salutations étaient les mêmes que toujours. Cook a abandonné l'utilisation de « Andy » et a dit « monsieur » si le jeune homme lui parlait soudainement. M. Goodwin a conseillé à son élève de laisser de telles choses passer sans commentaire. Soit la position d'Anthony serait assurée et exigerait une telle déférence, soit il quitterait complètement l'usine ; dans les deux cas, la protestation ne serait qu'hypocrite ou inutile.

Le moment où Antoine devait rendre visite à son père pour lui rendre compte de l'affaire fut reporté sine die. Plus c'est accompli d'abord, mieux c'est. Secrètement, lui et Goodwin en étaient venus à redouter la possibilité que M. Adriance refuse de maintenir Anthony à son poste, soit par ressentiment, soit par manque de confiance dans les capacités de Tony.

Parfois Anthony éprouvait une vive appréhension à l'idée que peut-être la préparation même qui le préparait à la place qu'il désirait tant l'en priverait. Il était plus que possible que M. Adriance soit profondément irrité par ce qui se faisait à son insu. Dans un sens, Anthony se fortifiait sur le territoire de son père afin de résister à la volonté de l'homme plus âgé à l'égard de Mme Masterson. Anthony n'a jamais appris à penser sans honte et sans douleur à la trahison que son père avait planifiée contre Elsie. Il ne pouvait pas concilier cette idée avec tout ce que leurs années ensemble lui avaient montré de son père. Mais il travailla et chassa de son esprit ce à quoi il ne pouvait remédier.

CHAPITRE XIX

LES ADRIANCES

Les semaines s'écoulaient tranquillement, le printemps étant le seul visiteur de la petite maison rouge. Masterson avait été invité à venir, mais il n'a jamais profité de l'invitation. Les Adriance ne parlaient pas de lui, par accord tacite feignant d'oublier la seule soirée douloureuse qu'ils avaient passée depuis leur mariage.

L'événement qui tomba comme un obus explosif sur la paisible maison, brisant sa vie habituelle aussi véritablement que par une destruction matérielle, survint sans avertissement. Il choisit une des premières soirées d'avril, où un délicat coucher de soleil aux teintes pastel terminait la journée avec autant de grâce que l' *envoi* d'un poème.

Elsie se préparait pour son mari, tout comme elle lui avait décrit un jour le travail d'une femme à cette heure, et ainsi tous avaient inconsciemment nettoyé le temple de son cœur, renversant les fausses idoles pour se faire une place. La table était dressée, elle-même était d'une tenue et d'une humeur fraîches et délicates ; la petite maison attendait, dans l'expectative, le retour de l'homme. La douce flatterie de l'amour entourait Adriance chaque fois qu'il franchissait ce seuil ; la vie lui avait appris un nouveau luxe dans cette salle d'école nue.

Elsie chantait, tout en s'acquittant de ses agréables tâches avec cette sûreté et cette rapidité si jolies à regarder ; chantant une *chanson* créole chantante et sans conséquence , douce comme du velours comme les branches de saule gris, elle commença bientôt à disposer dans un pot de terre trapu. Elle était heureuse d'un contenu profond, constant et inébranlable, et d'une foi qui n'admettait aucune peur.

Elle était à l'écoute, dans toutes ses occupations. Le crépitement du pas rapide et impatient d'Anthony sur la vieille allée de gravier l'aurait amenée immédiatement à la porte. Mais le bruit d'une automobile s'arrêtant devant le portail passait inaperçu ; de nombreuses voitures parcouraient cette route, jour et nuit. Ainsi, comme auparavant, Masterson entra sans prévenir dans la maison de son ami. Seulement, cette fois, il trouva la porte ouverte et entra sans frapper. Lorsque son ombre s'assombrit à travers la pièce, Elsie se tourna et vit son visiteur.

Plutôt ses visiteurs. Masterson portait dans la courbe de son bras une petite silhouette vêtue de velours côtelé blanc, allant d' une casquette à pompons à de petits leggings. La joue rouge et rougeâtre de l'enfant était pressée contre le jeune visage usé et jaunâtre de l'homme, le regard brillant de bébé regardait à côté des yeux émoussés par la fièvre de l'autre. Un bras potelé enlaçait étroitement le cou de Masterson.

"Houx!" » Cria Elsie, les bourgeons de saule glissant entre ses doigts. "Pourquoi... comment... ? Oh, comme il a grandi ! Holly, bébé, tu ne te souviens pas d'Elsie ? Il le fait, vraiment le fait - s'il te plaît, laisse-moi l'avoir !"

Masterson a volontairement abandonné sa charge, mettant Holly dans les bras impatients tendus, et a regardé la scène qui a suivi, pleine d'absurdités et d'affection. Il n'a pas parlé ni proposé d'interrompre. Quand Elsie se tourna enfin vers lui, retrouvant sa mémoire et sa curiosité, le bébé et la femme étaient également roses et radieux.

"Mais comment cela s'est-il produit?" elle se demandait. "Est-ce que... l'accord a-t-il été respecté, après tout ? Holly va-t-elle rester avec vous, maintenant ?"

L'homme croisa son regard avec un étrange mélange de défi et de supplication. Elle s'aperçut maintenant qu'il était dans un état d'excitation terrible et que son mutisme n'avait pas été l'apathie qu'elle imaginait. Il était au bord de la dépression, peut-être irréparable pour sa santé mentale. Sa propre perception rapide a répondu à sa question avant qu'il ne parle.

" Je l'ai volé. Non ! Je ne l'ai *pas* volé, j'ai pris le mien. C'était dans le parc : il était avec une infirmière et elle l'a frappé. Elle ne me connaissait pas. Je m'étais arrêté pour voir. de lui. Eh bien, c'est tout ce que Lucille lui donnera jamais : des nourrices ! Elle n'a jamais voulu de lui, ni n'a eu le temps de s'inquiéter pour lui. Elle n'aime pas les enfants. Il a trébuché, est tombé, et la femme l'a giflé - plus de une fois."

Elle le regardait avec un sentiment d'impuissance, soit à l'aider, soit à le condamner. Chaque fibre consciente d'elle défendait sa cause, à l'exception de sa raison. Comment cet homme malade pouvait-il espérer garder Holly contre le monde ?

"Toi--?" elle a temporisé.

"Je vous ai dit ce que j'ai fait ; je l'ai emmené loin d'elle. "Dites à Mme Masterson que Holly est partie avec son père", lui ai-je dit. C'est tout. Je l'ai porté jusqu'à ma voiture et je suis allé directement jusqu'ici. Vous Le garderas-tu pour moi ? Toi et Tony ? Je dois y aller, revenir et faire mon dernier combat.

Elsie déposa doucement le bébé. Elle voyait ce que Masterson, dans son hébétude et son égoïsme, avait négligé : qu'elle et Anthony allaient être entraînés dans un conflit sûrement mauvais pour eux. Mme Masterson doit être mécontente de cela et faire appel à la loi pour annuler l'enlèvement. Elle-même et Anthony seraient tirés de leur heureuse obscurité, leur longue lune de miel terminée. Plus menaçant encore, la position d'Anthony dans l'usine de son père serait découverte et exploitée par les journaux, avec pour résultat probable que M. Adriance mettrait fin à cette situation en licenciant l'employé impromptu.

Mais elle n'a même jamais pensé à renvoyer Masterson. Les mains de bébé qui saisissaient sa robe s'agrippaient plus profondément à son cœur. De plus, cet homme dans le besoin était l'ami d'Anthony et à qui il devait l'expiation pour un mal envisagé, sinon commis.

« Bien sûr que nous le garderons », promit-elle avec gentillesse et naturel. "Mais tu dois rester aussi. Tu n'es pas bien et tu dois te reposer un moment. Il est absurde de parler de combat quand on peut à peine se tenir debout. Asseyez-vous là, dans ce fauteuil. Tout à l'heure, Anthony rentrera à la maison, puis nous soupez et parlez de tout cela.

Le bon sens serein calmait et refroidissait sa fièvre. En soupirant, il relâcha sa tension.

« Je dois y aller », répéta-t-il, mais sans résolution.

Pour répondre, elle avança la chaise. Il s'y enfonça et s'allongea plutôt que de s'asseoir parmi ses coussins, passif devant sa fermeté.

Elsie abordait le sujet avec son sens pratique sans faille. Elle ôta les couvertures de Holly et improvisa une chaise haute à l'aide d'un dictionnaire et d'un oreiller. Au milieu de bavardages gais , elle prépara le repas du soir de son petit invité, attacha une serviette sous le gros menton et surveilla les affaires du souper. La faim et le sommeil se disputaient avant que le pain, le lait et l'œuf à la coque ne soient finis. Ensuite, Elsie a transporté un petit garçon très somnolent dans sa chambre et lui a fait un nid dans son lit à baldaquin d'antiquaire. Masterson les regardait, muet et attentif à chaque mouvement des deux hommes, comme si un intérêt dramatique résidait dans ces actions simples. Quand Elsie revint du bébé endormi, il parla brusquement :

"Vous savez, je veux seulement que vous le gardiez pour cette nuit, pas toujours. Je reviendrai le chercher. Vous savez tout ce que j'ai prévu pour lui et moi-même. Cela m'a pressé, mais j'ai assez d'argent. De l'argent gagné. Vous ai-je dit que M. Adriance , le père de Tony, m'a proposé une somme considérable pour arrêter de me "faire un saltimbanque" au restaurant ? Non ? Il l'a fait. J'ai l'impression que le métier de son ancien mari irrite Lucille." Il rit en bougeant la tête sur les coussins de la chaise à haut dossier. "Eh bien, j'ai refusé."

"Bien sûr!"

"Tu savais que je le ferais ? Alors tu m'accordes plus de grâce qu'elle ne l'a fait."

"Elle ? Vous avez dit que M. Adriance avait proposé———"

Il jeta un regard attentif à son visage, puis détourna son propre visage pour qu'il ne guide pas ses pensées tâtonnantes.

"Je dois y aller", dit-il encore. Mais il ne bougea pas, Elsie non plus.

La pause fut interrompue par le coup de sifflet d'Anthony, signal qui avertissait toujours sa femme de son retour.

Mais ce soir, ce n'était pas la joyeuse grêle de l'habitude. Les notes claires étaient secouées, éloquentes brièvement d'une certaine colère ou détresse. Extrêmement sensible à chacun de ses changements ou de son humeur, Elsie a capté les deux messages, celui intentionnel et celui envoyé sans le savoir. Déposant sur la table une boîte d'allumettes qu'elle avait ramassée , elle courut vers la porte.

Elle s'ouvrit avant qu'elle ne l'atteigne. Anthony, son visage sombre de colère refoulée, ses mouvements raidis par la contrainte qu'il leur imposait, apparaissait se détachant sur le crépuscule doux et clair du crépuscule d'avril. Il regarda derrière lui et, tenant ouverte la porte de sa maison, fit entrer formellement un invité.

"Ma femme, monsieur", présenta-t-il brièvement à son père la jeune fille qui recula, étonnée, devant leur entrée.

M. Adriance ne montrait pas moins de signes de tempête intérieure que son fils. Mais il s'arrêta et salua sa belle-fille avec une courtoisie précise.

"Mme Adriance ," reconnut-il la présentation, sa voix mieux contrôlée que celle du plus jeune homme.

"Allumez la lampe, Elsie", demanda son mari en retirant les gants de chauffeur maladroits qu'il avait portés à la maison. "Il semble que nous soyons soupçonnés de vol d'enfants. Mon père nous a fait l'honneur de nous rechercher et de m'accuser d'avoir participé à l'enlèvement du garçon de Mme Masterson. Je n'ai pas encore compris exactement quel intérêt je suis censé susciter. avoir dans la dame ou ses affaires, ou si je suis présumé être engagé dans une entreprise de bandit contre rançon. Mais je comprends qu'il y a un détective à l'extérieur, qui souhaite probablement fouiller la maison.

Elsie ne fit aucun geste pour obéir à l'ordre. Dans la lumière indéterminée, la présence de Masterson était passée inaperçue, dans l'ombre du fauteuil profond sur lequel il était assis. Elle n'avait pas peur, ni n'était perplexe au point de concevoir de le garder caché, mais elle n'était pas encore prête à agir.

"Mon fils est inexact, comme d'habitude," M. Adriance lui laissa de l'espace, l'aidant à s'en rendre compte par son irritation. "M. Masterson est connu pour avoir traversé le ferry Edgewater avec l'enfant, et nous ne connaissons aucun ami qu'il chercherait dans cet endroit à part Tony et vous. Son cerveau n'est guère assez fort, maintenant, pour planifier des déplacements prolongés. Il n'est pas nécessaire d'expliquer que nous souhaitons sauver un enfant de deux ans des mains d'un incompétent drogué ? »

Elsie posa la main sur la boîte d'allumettes, s'étonnant que les deux autres n'entendent pas, comme elle, la respiration très audible de l'homme assis dans le fauteuil.

"Il n'est pas vraiment ça", a-t-elle déprécié. "Mais si vous le trouvez, que ferez-vous ?"

"Pour lui ? Rien. Nous voulons l'enfant. S'il persiste à ennuyer la dame qui était sa femme, il faudra le mettre dans un sanatorium."

"Elsie, pourquoi ne dis-tu pas que nous ne savons rien de tout cela ?" » demanda Anthony, dur dans sa forte impatience. "Pourquoi nourrissez-vous les soupçons en discutant ? Je ne dis pas que je n'hébergerais pas Holly Masterson, s'il était ici - en fait, je devrais le faire ! Mais je dis qu'il n'est pas là, monsieur, et j'attends ma parole. à prendre. Elsie———"

Sa femme lui tendit la main dans un geste apaisant.

"Maintenant, je vais allumer la lampe", déclara-t-elle de sa voix pleine et calme.

Bizarrement vérifiés, les deux hommes en colère la regardaient. La mèche touchée par la flamme brûlait lentement, au début, la lumière augmentant progressivement jusqu'à sa pleine puissance ; le cercle de rayonnement s'étendait et s'élevait, réchauffé par l'ombre cramoisie à travers laquelle il passait. Elle se glissait comme une marée lumineuse, éclairant la silhouette de la femme qui se tenait derrière la table, s'élevant sur la noble houle de sa poitrine, submergeant le creux incurvé de sa gorge où reposait une petite croix d'ébène sur une surface d'ivoire, inondant enfin, son visage se dessinait dans une résolution généreuse et brillait dans ses yeux gris, sereinement et intrépides. Elle regardait, et était maîtresse des lieux et de la situation ; peut-être à cause de tous ceux qui étaient présents, elle seule ne pensait pas à elle-même.

" Vous voyez, " elle interrompit la pause, " il y avait beaucoup d'excuses. Il est toujours plus sage et plus gentil d'écouter les excuses pour les actions ; je pense qu'il y en a généralement une. M. Masterson aime très tendrement son petit-fils, et qu'ils avoir été séparé est terrible pour lui. Mais il a été patient, il n'est pas intervenu jusqu'à aujourd'hui ; il a vu Holly frappée et maltraitée par l'infirmière. Il ne pouvait pas supporter cela, et se contenter de regarder. Personne ne pouvait le faire ! Alors M. . Masterson, obéissant à sa première impulsion, a attrapé le bébé, et il l'a amené ici. C'était il y a seulement peu de temps, Anthony ; très peu de temps.

Avant qu'Adriance ait pu parler, le troisième homme sortit de l'ombre pour se diriger vers la lumière. Il riait légèrement, toute sa beauté imprudente et trop féminine retrouvée alors qu'il leur faisait face.

"Voici votre incompétent fou de drogue, M. Adriance ", se moqua-t-il. "As-tu si bien réussi à éduquer ton propre fils que tu veux entreprendre d'élever le mien ?"

L'insulte a changé l'atmosphère en celle d'une guerre grossière. Elsie recula, reconnaissant que ce domaine n'était pas pour elle. M. Adriance considérait son antagoniste avec une délibération froide et très dangereuse.

"Je pense qu'une comparaison entre mon fils et vous est difficilement une comparaison que vous pouvez vous permettre de contester", a-t-il déclaré mordant.

"Maintenant, non", a admis Masterson. Il rit encore. "Mais il y a un an, qui était alors le meilleur citoyen ? Fred Masterson, avec tous ses défauts, ou Tony Adriance , qui s'accroche à la femme de Masterson ? Attends, Tony ! Je ne dis pas ça pour toi ; tu as abandonné ce vilain jeu. dès que vous avez vu où cela menait. J'explique seulement ici à votre père que la différence entre vous et moi, c'est principalement nos femmes. Bien sûr, nous ne devons pas nous appuyer sur nos femmes; nous devons être forts. et indépendant. Mais je ne suis pas né comme ça, et vous non plus. Lucille voulait que je sois déprimé, et je suis déprimé ; Mme Adriance voulait que vous vous leviez, et vous vous levez. Soyez honnête et dites la vérité à vous-même. , si tu ne le parles jamais, Tony. Quant à ton père, si nos tuteurs nous avaient commencé différemment, cela n'aurait peut-être pas été ainsi pour nous. Je ne sais pas, mais c'est la chance que je donne à Holly. " Je n'ai pas besoin de faire ses études sur la route. Je l'ai amené ici, et ici il reste avec Mme Adriance jusqu'à ce que je l'emmène avec moi. Elle m'a donné sa promesse. "

"Vous oubliez que le tribunal a donné l'enfant à sa mère", lui rappela M. Adriance , avant qu'Anthony ne puisse répondre. "Et laissez-moi vous dire que je n'ai rien d'autre que du mépris pour un homme qui rejette ses responsabilités sur les épaules d'une femme."

"Moi non plus", rétorqua Masterson. « Imaginez-vous qu'il me reste un peu de vanité, ou que mon amour-propre respire encore ? Vous êtes ennuyeux, M. Adriance ! Mais tout cela est mis à part. Holly reste ici, à moins qu'Anthony ne le chasse, et ensuite il s'en va. avec moi, pas avec sa mère. Pensez-vous que je n'arrive pas à comprendre pourquoi elle le veut, et vous voulez qu'elle l'ait ? C'est parce qu'il est une revendication sociale ; sa possession de lui me marque comme celui qui manque à notre partenariat. Eh bien, il ne doit pas être autant sacrifié.

« Puis-je vous demander comment vous comptez appliquer cela ? »

"Vous pouvez, et je vous le dirai." Il regarda en retour, dans toute la mesure de l'ironie et de la détermination du vieil homme. "Je peux l'appliquer parce que vous vous souciez du grand public, et pas moi ; parce que cela ferait une belle histoire sanglante : comment le père réprouvé de Holly l'a sauvé de la négligence et des mauvais traitements, en l'éloignant d'une infirmière brutale dans le Park ; et comment M. Adriance , *le* M. Adriance , a poursuivi et repris l'enfant. Les journaux seraient intéressés d'apprendre que M. Adriance avait géré toute l'affaire de divorce de Masterson ; avec son tact et son succès habituels. Ils pourraient se demander pourquoi il Je me suis demandé moi-même, vous savez. Autrement dit, j'aurais pu me demander si je n'avais pas su à quel point vous approuviez autrefois Mme Masterson comme belle-fille possible, avant que Tony ne vous déçoive en se mariant. pour se faire plaisir. Vous avez la réputation de ne jamais admettre une défaite ; et, après tout, deux divorces valent aussi bien qu'un ! Je vous demande pardon, Mme Adriance .

Elsie poussa un léger cri, brusquement confrontée à la chose hideuse que Masterson avait montrée à son mari cette nuit-là et qui avait transformé Anthony de son camarade de jeu en son défenseur et combattant .

« Fred ! » Anthony s'est exclamé un reproche indigné, s'élançant aux côtés de la jeune fille.

Elle attrapa violemment son bras alors qu'il la serrait. Soudain, elle ne fit qu'un avec les hommes, d'humeur brûlante de défi et prêtes à faire la guerre pour la sienne. Et Anthony était le sien, comme elle était la sienne. Se serrant contre son mari, elle le tenait. Disposés ensemble, les trois qui avaient la jeunesse se dressèrent contre l'homme qui avait tout le reste.

Mais M. Adriance avait rougi sur toute sa peau fine, grise et légèrement flétrie, comme n'importe quel écolier. Ses yeux sombres s'éclairèrent et se durcirent en une colère impitoyable qui éclipsa la passion des jeunes hommes et la rendit puérile.

« Vous vous retiendrez de parler de la dame qui a eu le malheur de vous épouser », signifiait-il avec une précision de langage plus menaçante que n'importe quelle menace. "Depuis hier, elle est ma femme."

De toutes les possibilités, celle la plus évidente n'était jamais venue à l'esprit d'aucun des trois ayant entendu l'annonce. L'effet a rendu le groupe muet. Toute pensée a dû être réajustée, toute expérience récente concentrée sur ce nouvel éventail de vision. Pendant la longue pause, le chien d'Anthony bâilla avec le soupir ridicule et le claquement d'un chiot heureux ; L'horloge qui faisait tic-tac et la bouilloire chantante semblaient remplir la pièce d'une houle de sons banals et domestiques, dérisoires de toute vie compliquée. Après tout, les hommes étaient simples et le mal impliquait généralement une chimère. Les intrigues et les contre-intrigues se sont résolues en un événement des plus naturels ; jeté en compagnie de Lucille Masterson par la fuite d'Anthony, M. Adriance était tombé amoureux. Probablement, au début , il l'avait aidée par sympathie, comme Anthony lui-même l'avait fait. Il n'y avait aucun mystère dans le reste.

Le défi imprudent et la fausse gaieté ont disparu du visage de Masterson, le laissant terne et sombre comme une scène lorsque la pièce est terminée et que la lumière et les couleurs artificielles sont éteintes. Tout à coup, il parut hagard et terriblement malade. Les cercles s'assombrirent sous ses yeux comme s'ils étaient marqués par le crayon bleu d'un artiste. Il fut vaincu ; avec son droit imaginaire au ressentiment et au mépris, il perdit également toute animation. Le feu a été éteint, apparemment pour toujours.

"Je m'excuse, bien sûr," dit-il, son aisance sans vie n'étant qu'un piètre effort de son ancienne manière. " Certes , j'aurais été... enfin, moins franc, si j'avais compris. Transmettez, je vous prie, mes félicitations à Mme Adriance . Vous serez sans aucun doute heureux, puisque vous pouvez acheter tout ce qu'elle veut. Mais ni vous ni elle ne vous souciez de garder Holly Masterson dans votre maison. Je le veux. Après tout, je suis son père, vous savez, et j'ai droit à une certaine direction quant à son avenir. Non ? Venez, je vais négocier avec vous ! Laissez-le ici, et je ferai quoi. J'ai refusé de le faire pour de l'argent : j'arrêterai de danser en public et je disparaîtrai."

L'offre inattendue a séduit. La colère dans les yeux de M. Adriance ne s'est pas atténuée, mais des spéculations se sont glissées dans son regard. Son horreur du scandale le poussait à saisir cette échappatoire à ce que le nom de sa femme soit constamment associé aux frasques de son premier mari. Il ne pouvait être question du génie de Masterson pour créer des troubles spectaculaires. De plus, Holly serait toujours avec les Adriance , donc cette dignité était assurée. Il ne croyait pas que Masterson avait réellement l'intention de s'encombrer de l'enfant. Lucille Masterson s'était fait une opinion sur l'autre homme ; il l'a crédité sans intention bonne ou stable.

" Bien sûr, je dois consulter Mme Adriance ", répondit-il avec raideur. "Mais je n'ai aucun doute qu'elle répondra à vos souhaits en la matière, puisque Tony est maintenant le demi-frère de l'enfant. Autrement dit, si mon fils et sa femme sont prêts à assumer la charge que vous leur confiez ?"

Il se tourna vers les deux, pour conclure. Pour la première fois, Adriance senior et junior se regardèrent vraiment d'homme à homme. Car « Tony » n'existait plus ; à sa place se trouvait quelqu'un que l'aîné ne connaissait pas encore. En fait, lui et Tony n'étaient que d'agréables connaissances ; lui et ce nouvel homme étaient des étrangers.

"Pourquoi, oui," répondit Anthony à la question indirecte. Il avait retrouvé son calme alors que les autres avaient perdu le leur. Sa tranquillité et son sang-froid contrastaient fortement avec la tension tendue de ses invités ; il parlait pour lui et pour Elsie avec la maîtrise assurée qu'elle avait nourrie en lui pendant ces nombreux mois. "Nous prendrons en charge Holly jusqu'à ce que son père le réclame, à moins qu'il ne soit trop difficile pour moi de prendre soin de ma propre famille. Comme vous pouvez le constater, monsieur, nous ne sommes pas riches."

"Est-ce que c'est mon affaire ?"

"Ça n'a pas été le cas. Mais ça va le être."

"Pour une question d'argent——"

Anthony vérifia la phrase d'un geste. Se libérant doucement de l'attache d'Elsie sur son bras, il sortit d'une poche de son rugueux ce cahier qui avait absorbé tant de ses heures de loisirs.

"Disons une question d'affaires", suggéra-t-il. " Il y a six mois , je suis entré chez vous comme chauffeur. Vous constaterez que mon dossier ne porte aucune marque. Je ne pensais pas alors à tirer aucun avantage du fait que le moulin vous appartenait ; j'ai travaillé exactement comme il fallait. " J'ai fait pour n'importe quel étranger. Je n'étais ni en retard ni absent, j'ai accompli chaque jour un peu plus que le chauffeur moyen de l'endroit. Cook et Ransome peuvent vous dire si je leur ai donné satisfaction. Je ne parle de cela, monsieur, que parce que je devrais Je voulais que vous compreniez que j'étais sérieux. Ce n'est qu'après des mois passés à ce travail que j'ai commencé à penser à changer de poste. Un jour, Ransome est tombé malade. J'ai demandé sa place pour essayer un meilleur système de contrôle des expédition qui m'était venue à l'esprit. On m'a donné cela d'abord à titre provisoire, puis de façon permanente. En fait, le système a fonctionné avec un tel succès que... M. Goodwin est venu me voir. Il hésita. "J'aimerais que vous demandiez à M. Goodwin de vous raconter lui-même quelque chose de ce qui s'est passé."

"Très bien."

L'assentiment laconique était en quelque sorte déconcertant.

"Je devais lui dire qui j'étais", reprit Anthony avec moins de certitude, "j'avais eu l'intention de découvrir quelle serait votre attitude, avant que cela n'arrive, mais je n'avais pas le choix. Il a eu la gentillesse de me prendre dans son

bureau et proposez-moi de m'apprendre la gestion de votre usine.
Maintenant———"

"Maintenant, puisqu'il s'agit d'une question d'affaires", dit sèchement M.
Adriance , "que voulez-vous ?"

"Je veux la chance d'un étranger et votre attrait", fut le retour rapide; Le
sourire d'Anthony reflétait le sérieux. "C'est-à-dire que je veux que votre
influence me donne le poste de directeur de M. Goodwin, et après cela, je
suis prêt à me présenter sur la base de la valeur de mon entreprise pour vous.
Goodwin est vieux et impatient de prendre sa retraite. Si je garde sa place
pour un an et ne gagne pas son salaire, alors renvoyez-moi et je ne me
plaindrai pas. Je connais mieux que vous ce but de vos affaires, monsieur.
Vous êtes brillant, un génie des grandes affaires; j'ai découvert en moi une
capacité pour une attention méticuleuse aux détails. Emporterez-vous ce
petit livre chez vous ? Il contient une collection de notes et de chiffres pour
lesquels vous seriez heureux de payer un étranger. M. Goodwin et moi avons
trouvé que l'usine gaspille énormément ; chaque département contribue sa
quota de mauvaise gestion, à l'exception du bureau sous ses propres yeux. Je
veux avoir une chance de faire ce travail, d'acheter une maison qui me plaise
en haut de la colline, ici, et de placer ma délicate épouse du Sud dans un cadre
qui lui convient. je gagne tout ça?"

"Je ne sais pas si j'ai eu l'habitude d'interférer avec vous", a rétorqué M.
Adriance . Il regarda son fils avec une défaveur glaciale. "Entre vous et M.
Masterson, il semble établi que je suis l'oppresseur typique de la fiction et du
mélodrame. Veuillez regarder de l'autre côté du bouclier. L'automne dernier,
vous avez choisi de vous marier et de quitter ma maison. Vous avez fait les
deux, sans payer " J'ai eu la légère courtoisie d'annoncer vos intentions. Je ne
connaissais aucune querelle entre nous. L'impolitesse m'est apparue tout à
fait injustifiée. Néanmoins, j'ai réglé tous les détails que vous aviez laissés
derrière vous. J'ai empêché votre mariage de faire sensation dans les
journaux. ... La dame qui est aujourd'hui mon épouse m'a aidée à convaincre
nos amis que votre mariage n'avait rien d'inhabituel ou d'inattendu, même s'il
était un peu soudain, et que vous aviez rencontré chez elle la jeune dame de
Louisiane. Bref, j'ai étouffé la curiosité. , une tâche dont vous ne vous étiez
pas occupé. Vous avez choisi d'entrer dans cet endroit en tant que chauffeur
de camion. Vous ne m'avez pas demandé si cela me plaisait. Ce n'était pas le
cas, mais je n'ai fait aucune objection. Oh, oui; bien sûr que je Je savais ce
que tu faisais ! Pourquoi ne devrais-je pas le savoir ? Maintenant, vous me
rencontrez avec l'air d'un homme gêné et poursuivi. Pourquoi?"

"J'avais tort", a simplement admis Anthony. Il avait rougi vivement avant la
réprimande, mais ses yeux rencontrèrent ceux de son père franchement et

avec un soulagement qui se trouva volontiers en faute plutôt qu'en l'autre. "Je n'ai pas compris. Je suis désolé."

Ils se serrèrent la main. Une contrainte entre eux n'était pas à éviter. Le mariage de l'homme plus âgé les avait séparés. Des choses impardonnables avaient été dites sur Lucille Adriance ; des choses qui avaient la permanence mordante de la vérité.

"Je vais organiser la retraite de Goodwin", a fait remarquer M. Adriance . " Vous prendrez sa place, et le travail de cet hiver peut passer pour votre caprice d'étudier l'affaire par le bas. J'ai passé une heure à discuter de vos affaires avec lui, en venant ici, ce soir. Je l'avais appelé pour vérifier. votre adresse exacte. Il a accepté de rester comme votre conseiller et votre assistant pendant un mois ou deux, jusqu'à ce que vous soyez bien trouvé. Et bien sûr , je serai à votre service. Cela suffit pour cette soirée; j'ai déjà séjourné ici aussi Longtemps. Venez demain à mon bureau.

Lorsqu'il se tourna vers la porte, Elsie l'attendait. Un instant auparavant, elle s'était éloignée des deux hommes.

"C'est la première fois que vous entrez dans la maison d'Anthony", dit-elle, son discours doux étant très gagnant. "Vous ne partez pas sans accepter notre hospitalité ?"

Elle tenait un petit plateau rond sur lequel se trouvaient une tasse et une assiette. L'action était gracieuse et gracieuse, étrangement étrangère à l'image de ses propres légendes. M. Adriance la regarda, puis s'inclina cérémonieusement, souleva le café et but.

"Je pense que j'avais oublié de féliciter Tony", a-t-il regretté. "Permettez-moi de le faire, très chaleureusement."

Anthony ferma la porte derrière son invité ; Bientôt, le bruit d'un moteur de démarrage troubla le silence calme de la soirée de printemps.

"Je veux mon dîner", annonça pratiquement Anthony. "Je n'accepterai plus de ta cuisine, Elsie. Qu'allez-vous faire de votre temps libre : apprendre à jouer au bridge ?"

Elle courut dans ses bras.

CHAPITRE XX

LA PIERRE ANGULAIRE

Lorsqu'ils cherchèrent Fred Masterson, il n'était pas là. Elsie se souvint alors qu'il était entré dans la chambre de Holly pendant qu'Anthony et son père étaient attentifs l'un à l'autre. Sur le lit où dormait le bébé, ils trouvèrent une enveloppe sur laquelle était écrit un message.

"Je pars pour le moment", lut Anthony. "Je passerai demain ou le lendemain, quand Holly sera réveillée. Remerciez Mme Adriance pour moi. Je vais être démodé, Tony - que Dieu vous bénisse tous les deux."

"Il ne viendra jamais, je le sais !" S'exclama Elsie , ses cils épais mouillés. "On ne peut pas faire quelque chose ? On ne peut pas le poursuivre ?"

"Je vais le chercher", a accepté son mari. "Mais pas ce soir." Il froissa l'enveloppe et la jeta de côté. "Fred Masterson ne s'effondrera pas sans se battre. Si les médecins, les sanatoriums, son amour pour Holly et notre aide peuvent le remettre sur pied, il sera guéri et fera tout ce qu'il rêve de faire. Demain, je le retrouverai. ".

"Pas ce soir?"

"Pas ce soir. Elsie, tu ne comprends pas ? Il aimait sa femme. Si je te perdais ainsi... si tu épousais quelqu'un d'autre..."

Elle posa ses petits doigts sur ses lèvres, faisant taire le sacrilège.

"Non ! Ne laissez même pas notre petite maison vous entendre le dire !"

" Ni aucune de nos maisons ! Demain, j'achèterai la maison que nous avons vue ensemble, et vous ferez une orgie de courses pour la meubler. Oh ! oui, vous l'achèterez, et je vous aiderai. Ayez beaucoup d'obscurité. " des objets rouges et du cuir marron dans cette pièce de devant où tu m'as parlé d' Alenya de la Mer. Et… les crèches doivent-elles être roses ?

"Bien sûr que non, imbécile. Nous pourrions faire en sorte que le nôtre soit de couleur soleil, comme l'intérieur satiné d'une renoncule ou une goutte de miel dans une jonquille. Anthony——"

"Oui?"

Les yeux gris pluie se moquaient de lui, sages et audacieux.

"S'il vous plaît, je veux une cape toute magnifique à l'extérieur et poilue à l'intérieur ; une cape en brocart chatoyante, pailletée et inutile comme celles du vestiaire de ce restaurant. Je—je le veux juste !"

"Comment savez-vous?" se demanda-t-il. "Comment sais-tu toujours quelle est la manière gracieuse de me ravir le plus ? Quel moment nous allons passer, ma fille ! Je vais sortir Cook de son ornière et le faire gravir les échelons, pour commencer. S'il ne l'avait pas fait "Je ne m'ai pas donné une chance, puis j'ai amené M. Goodwin pour voir comment j'avais géré la situation. Qui peut dire à quel point j'ai pu manquer ? Je l'amènerai ici pour que vous puissiez le voir, avant de déménager également. Vous gagnerez" ça te dérange ?"

"Essayez-le et voyez."

"Et nous passerons mes premières vacances en Louisiane ! Ne pouvons-nous pas apporter une malle de cochonneries à chaque fille, y compris à votre mère ? Soudoyons un éditeur pour qu'il publie le drame poétique, si jamais il est terminé. Ah, soyez prêt à venir. chez Tiffany la semaine prochaine. Je vais t'acheter un rubis aussi gros que les publicités sur les diamants au dos des magazines.

"Antoine!"

"Deux d'entre eux!"

"Cher," hésita-t-elle, "allons-nous avoir autant d'argent ? Je ne vois pas très bien…"

Son mari la regarda et rit.

"Vous n'avez pas appris à comprendre votre beau-père. Je ne maîtrise pas moi-même cette étude, mais je connais certaines branches. Il n'est pas un homme à mi-chemin. Il s'attendra à ce que Tony et Mme Tony procèdent avec précision. comme Tony avait l'habitude de le faire. Et nous l'offenserons et le dégoûterons avec notre étroitesse d'esprit si nous ne prenons pas cela pour acquis. Quand je me souviens des choses que j'ai permis à Fred de me faire croire à son sujet ! Elsie, j'aurais toujours pu mériter notre Je pense que la meilleure nouvelle de ce soir est que mon père se porte aussi bien que j'ai grandi pour le croire. Par George, je ne lui ai jamais dit...

"Quoi chérie?"

"Tu ne sais pas?"

Ils avaient presque fini leur souper retardé, une heure plus tard, quand Adriance posa sa tasse avec une exclamation et regarda sa femme par-dessus la table.

"Je viens de penser à quelque chose ! Maintenant je comprends ce que Lucille Masterson voulait de moi, ce jour-là, au salon de thé. Elle m'a fait donner ma parole de ne jamais dire à personne qu'elle avait voulu m'épouser. J'étais assez en colère qu'elle devrait supposer une telle promesse nécessaire. Mais maintenant j'en vois la raison : elle craignait que je puisse raconter suffisamment cette affaire à mon père pour l'empêcher de tomber amoureux d'elle. Vous ne le connaissez pas, Elsie. S'il l'avait soupçonnée l'attachement à lui était la cupidité, et qu'elle avait été prête à épouser Adriance pour les possessions d'Adriance , il n'aurait rien souffert pour les rapprocher, rien du tout. Je suppose qu'elle lui a dit qu'elle n'avait jamais pensé à moi sauf comme un jeune imbécile agréable. . Pensez à nous !" Il repoussa sa chaise et traversa la pièce avec colère. "Fred, moi et mon père, tous des marionnettes pour qu'elle se déplace !"

"Holly a Mme Masterson, et moi vous," rétorqua Elsie, sa bouche se retroussant en un sourire tandis que son regard le suivait. "Et je ne crois pas qu'elle ait votre père, Anthony; je pense qu'il l'a. Vous savez - excusez-moi, chérie - vous et Fred Masterson étiez trop jeunes et inexpérimentés. Et votre père a entendu, malgré lui, M. L'histoire de Masterson, ce soir. Je vais emprunter une phrase à Mike : "Elle lui a trouvé un patron." Laissons les moulins moudre ; nous savons quel grain nous y mettons ! Anthony, as-tu remarqué que j'ai donné à ton père du café dans la tasse Vésuve ? S'il remarquait l'atrocité de cinq cents, il m'ostraciserait ; et tu sais qui l'a acheté. "

"C'est une bonne tasse !" Il se laissa tomber à nouveau sur sa chaise et se pencha par-dessus la table pour attraper ses mains dans les siennes. "Elsie, nous ne vendrons jamais cette maison, ni n'y changerons quoi que ce soit, n'est-ce pas ? Nous pouvons y revenir, souvent, pour une journée seulement. C'était le point de départ, aussi loin que nous puissions aller."

"Oui. Oh, oui ! Anthony, notre pierre de foyer est notre pierre angulaire ; sur elle nous allons bâtir, bâtir magnifiquement, éternellement..."

Sa voix vacilla devant la vision. Silencieux, les deux se regardèrent dans les yeux, voyant un bonheur fortement assuré, les refermant comme des ailes repliées.

FINI